El Manual Del Guerrero

Una Guía Para La Sobrevivencia Espiritual

Por hadassah

Derechos Reservados 2015
By hadassah
Impreso en Los Estados Unidos de America

ISBN #978-0-9975539-5-6

Todos los derechos están reservados exclusivamente por el autor. El autor declara que el contenido de este libro es original y no conflige con los derechos de otra persona.

Ninguna parte de este libro puede ser reproducida en forma alguna, excepto que tenga permiso del autor. La opinión de este libro no es necesariamente la opinión del editor.

Las citas de la biblia fueron tomadas de la biblia Reina Valera, versión contemporarea.

AUTÓGRAFOS

Reconocimientos

Primero que nada quiero reconocer a mí Mesías y su Espiritú Santo por ser mi guía y darle dirección a mi vida. Él me ha sostenido por mas de 40 años en el desierto y nunca me ha faltado nada. Sí, he tenido algunos llamados cercanos y cosas de ultima hora, pero Él nunca me ha dejado sola. Él es un Dios fiel.

Quiero agradecer a todas las personas que han tocado mi vida para traerme a este momento, ya que me he dado cuenta que toda persona que he conocido y cada relación que he tenido ha sido por su mano amorosa. Todos y cada uno de ustedes saben quienes son. Yo vivo, me muevo y tengo todo mi ser en Él.

Tabla de Contenido

Introducción VII

Resumen XI

Capítulo I- Nuestra Identidad 17

Capítulo II- Nuestra Asignación Y Preparación 45

Capítulo III- Nuestro Adversario 63

Capítulo IV- Armado Y Peligroso 77

Capítulo V- Los Beneficios Del Enlistamiento 87

Introducción

Yo estaba ensimismada en mis problemas y así como comienzan las historias esto fue lo que pasó... En una tarde soleada yo estaba conduciendo en la I-95 en el sur de la Florida y escuché la voz del Señor tan clara como una campana diciendole a mí espiritú que escribiera un libro y Èl me dió el contenido mas rápido que nunca. Yo me apresuré a buscar un pedazo de papel y lápiz para plasmar lo que le había escuchado a Él decir.

Interesantemente, antes de ese evento yo no estaba pensando en nada particular, simplemente estaba concentrada en manejar. Ahora frente a mí tenía un borrador de un libro que yo sabía era mi propósito escribir. Yo creo que mientras tú sostienes este libro en este momento, es tú propósito que lo leas también. Ese día de revelación en la I-95 pasó hace 10 años.

Inicialmente yo tenía toda la resolución y entusiasmo de un nuevo autor que va a empezar su travesía. Sin embargo como todo largo camino tiene sus desvios, bloqueos, baches en la carretera y virajes imprevistos. ¡Y así siguió mi vida! Pero pronto aprendí que la espada del Señor corta por ambos lados y me impactaría a mí también. Pero yo no tenía idea hasta que punto.

En cierto momento de mi vida tuve que poner el libro de lado, porque para ser sincera no estaba lista para terminarlo. Yo estaba cayendo en todos los huecos del camino y fallando en todas las lecciones que quería presentar. De esa manera emprendí 10 largos años de aprendizaje con el Espiritú Santo y sus pruebas de fuego.

Se convirtió en un largo camino de examinar y aplicar lo aprendido y era exactamente lo que el Dr. me había recetado. Todos conocemos el viejo dicho: "el medico se auto receta" y todos sabemos que esto es de una importancia vital para hacer el ajuste listo para uso.

Este era un momento en mi vida en el que yo estaba en entrenamiento en Haganah con un ex-operativo de la Brigada Golani de Israel. Mientras aprendía tecnnicas de defensa, frecuentemente me encontraba pensando los paralelos que los creyentes caminan y mas específicamente en su guerra espiritual. Mirando hacia atrás en este viaje literario he realizado ¡que yo he escrito este libro más que nada para mí! Ahora estoy lista para brindarte este manuscrito a tí.

Bendiciones,
hadassah

Resumen

Este libro es sobre sobrevivencia -sobrevivencia a su más alto y estratégico nivel- sobrevivencia espiritual.

Dada la actual atmosfera política, es común entender que un asalto, personal o nacional, es una posibilidad real. Las amenazas y ataques terroristas son noticias diarias y la preocupación de muchos individuos. Pero en adición a los temerosos eventos del mundo, para los seguidores del Mesías, existe otro presentimiento inminente de peligro minuto a minuto.

Son las fuerzas del reino de las tinieblas que están en una batalla contra el creyente. La defensa contra este peligro es equivalente a nuestra sobrevivencia. El enemigo de nuestras almas quiere eliminarnos, para removernos de nuestro turno de servicio en el planeta tierra.

Sus deseos son de hacernos tropezar de cualquier manera possible con el fin de distraernos, deshabilitarnos y prevenirnos de completar la mission que Dios tiene para nosotros. La palabra de Dios dice que hemos de ser prudentes y vigilantes porque nuesto adversario, "Satanás camina por el mundo como león rugiente buscando a quien puede devorar". (1 Pedro 5:8). Claramente el es un peligro presente y real. Para el creyente, la vida no es un dia en el parque; es un campo de batalla.

¿Has estado perdiendo batallas ultimamente? ¿El enemigo te sigue tendiendo emboscadas? Entonces, es tiempo de inscribirse en un entrenamiento avanzado de guerra espiritual.

Como soldados en el ejército del Señor, necesitamos un entendimiento profundo de su manual de entrenamiento. También necesitamos entender los objetivos y tácticas de nuestro enemigo.

Nuestro Comandante en Jefe tiene esta información disponible para nosotros.

Desde el mas joven recruta, hasta el veterano mas experimentado, podemos ser victoriosos si nos enfocamos en Su estrategia y su plan de batalla y no el nuestro. Algunos soldados se han unido a la batalla sin tener el mas básico entrenamiento en esta area, lo que crea una carga y obligación adicional para los involucrados.

A pesar de que este libro es sobre intensa Guerra espiritual, NO es otro libro mas de como expulsar los demonios. De otro lado, no se equivoquen, porque las escrituras dicen: "que Jesús (Yeshua en Hebreo) vino a destruir el trabajo del diablo", (1 Juan 3:8) Que Él ha hecha fuera demonios y que nosotros haremos cosas aún mayores que estas. (Juan 14:12).

Pero, hay una batalla mas importante aún que es descrita en las escrituras. Y dice que el reino de Dios sufre violencia, y los violentos lo arrebatan (Mateo 11:12).

Han habido numerosos libros escritos sobre la Guerra espiritual y sobre como ponerse toda la armadura de Dios. (Efesios 6:10-17).

¡Este no es solo un buen consejo, es una absoluta necesidad! Sin el equipo necesario para la batalla, un soldado es de poco uso, sin importar cuan valiente sea. Pero ser un buen soldado es mucho más profundo que tener el equipo necesario ó una armadura.

Comienza en el corazón. Traer el Reino de Dios a la tierra comienza con guerreros que tengan un corazón totalmente comprometido con su Comandante en Jefe. Estos guerreros son muy particulares, porque son un equipo de élite. Ellos provocan terror en el corazón del enemigo con solo su presencia en el campo de batalla.

Diariamente, los campos de batalla en la vida estan llenos con nuestros propios heridos y los muertos vivientes… muchos abatidos por fuego amigo… entre ellos mismos. Y ante esta realidad, necesitamos desesperadamente re-examinar el Manual mas exhaustivamente para estar mejor preparados para pelear la buena batalla. (1 Timoteo 6:12)

Lo que se necesita en estos tiempos son soldados que estén capacitados para la batalla y que sepan quienes son en el Mesías, que entiendan su encomienda, que conozcan al enemigo, y que conozcan el terreno con todos sus campos de minas.

El impetú de escribir este libro vino por mis 6 años de entrenamiento en Haganah el arte marcial de defensa Israelí. "Defensa" es la traducción actual para la palabra Haganah. Habiendo sido entrenada por un ex- operativo de la Brigada Golani, excelencia, se entendía como la orden del día. La Brigada Golani son las fuerzas especiales, una unidad de batalla de élite para la Fuerza de Defensa Israelí (FDI).

A pesar de que un escenariode arte marcial como Hagannah se puede ver como algo no usual para buscar de los principios de Dios, fué aparentemente rápido que los principios que nos eran enseñados eran muy aplicables, no solamente a la vida en general, pero también al aspecto espiritual de la vida en particular.

Haganah no es como las varias filosofías Orientales y las tradiciones de arte marcial con las que los Americanos estan familiarizados.

Las tradiciones Orientales de arte marcial tienen una base espiritual, lo que es contrario a la perspectiva piadosa de Dios. Haganah, en comparación, se basa en la perspectiva militar y es, de hecho, el sistema de defensa militar de los guerreros mas altamente entrenados del mundo en Israel.

Haganah tiene raíces muy profundas en la Tierra Santa, donde los judíos vivieron un yugo constante de poderes extranjeros desde los tiempos antiguos. Para poder lidiar con los constantes conflictos de los varios poderes extranjeros, los Judíos formaron un ejercito clandestino en 1919 conocido como Haganah.

El Haganah era una organización paramilitar Judía, comformada mayormente por agricultores que estaban a cargo de proteger el Kibbutzim (campamentos) y la granjas, de alertar a los residentes de los ataques arabes y repeler a los atacantes. Con el pasar del tiempo, se convirtió en una organización mucho mas grande, abarcando casi todos los jovenes y adultos de los campamentos, así como a miles de miembros de otras ciudades.

Ellos adquirieron armas extranjeras y empezaron a desarrollar talleres para crear granadas de mano y equipo militar simple. El Haganah pasó a ser de una milicia sin entrenamiento, a un ejército muy capaz. Las raíces de esta fuerza de defensa pasaron a ser la primera fuerza oficial especial Israelí conocida como Pal'mach, un acrónimo Hebreo para Plugot Machatz, que significa "pelotón de ataque". Los comandos Pal'mach, recibieron un entrenamiento llamado Kapap, un acrónimo para Krav Panim el Panim, ó "combate cara a cara". En E.U., se refieren a este como "combate mano a mano".

Lotar fué otra técnica usada por estos operadores de las fuerzas especiales. Lotar se traduce directamente como la guerra anti-terrorismo.

Colectivamente, estas fuerzas de última instancia pasaron a ser la distinguida Fuerza de Defensa Israelí (FDI) la actual fuerza militar Israelí.

El Sistema de Haganah que a mí me enseñaron es la metodología más efectiva en combate y de pelea callejera de sus tiempos. Este Sistema tiene dos componentes. El primero es entrenamiento de combate mano a mano y el segundo entrenamiento es de combate armado que incluye tácticas de pelea con armas blancas y combate de tiro. El instructor continuamente actualiza y mejora el sistema mientras la FDI refina sus técnicas para equipar mejor sus fuerzas de combate.

Otro aspecto importante de la Guerra en general y de Haganah en particular es que no solamente envuelve tácticas físicas de defensa, sino que también emplea una actitud psicológica, una disposición mental particular. Esto ha demostrado ser muy valioso para el operativo de Haganah, ya que intimidación es la mitad de la batalla. Una disposición mental correcta es importante para el creyente también, y así lo veremos. Para ese efecto, yo recuerdo al instructor decirnos frecuentemente finge hasta que lo logres.

Este formidable arte marcial, Haganah, un sistema de defensa personal único que integra técnicas de combate armadas y desarmadas, es la base de algunos de los principios y aplicaciones de este libro. Porque la guerra nacional y la guerra espiritual tienen principios similares, yo tomaré algunos de los principios de Haganah y los aplicaré a nuestra guerra como creyentes.

En Haganah, llegamos débiles físicamente y sin ninguna idea de la naturaleza seria de las cosas que estabamos a punto de aprender... principios que posiblemente podían hacer la diferencia entre la vida o la muerte para nosotros.

Nos estamos embarcando en un viaje para aprender y mas importante aún para internalizar importantes principios para nuestra sobrevivencia. Aprendimos que somos guerreros, que entrenaremos bien, que aprenderemos a luchar cansados, que entrenaremos para mantener nuestras mentes y nuestros ojos en el objetivo; y que NOSOTROS venceremos al enemigo. Esto es muy parecido a como llegamos al Reino de Dios.

Nosotros estamos débiles espiritualmente y usualmente no tenemos idea de cuales son los principios del Reino, especialmente sin idea de cuales son las reglas de enfrentamiento que se necesitan para la batalla que está pronta sobre nosotros. Nosotros tenemos el manual al alcance de nuestras manos, la Biblia, pero, necesitamos aprender cómo manejar efectivamente la espada del Espíritu.

Este libro está establecido en la palabra de Dios y sobre la Roca, Yeshua Ha Maschiach, (Hebreo para Jesús el Mesías). Es desde este punto de vista que yo voy a tratar de comprender la postura correcta de los guerreros. Este libro ayudará a los creyentes en las batallas diarias que son emprendidas contra sus almas.

Este informará, alentará y los fomentará mientras "pelean la buena batalla" (1Timoteo 6:12). Concientes de las tácticas del enemigo e implementando los recursos de Dios pueden minimizar las posibles cicatrices de batalla y asegurar una batalla victoriosa. ¡Este libro es un llamado a las armas! Es un llamado para regresar a la palabra de Dios, y traer el reino de Dios a la tierra. Este libro ha sido escrito para cada creyente que se ha enlistado para la batalla y para los otros incontables heridos y moribundos tendidos en las trincheras. "Bendito sea el Señor, mi Fortaleza, que adiestra mis manos para la batalla y mis dedos para luchar. (Salmo 144:1)

Capítulo Uno

NUESTRA IDENTIDAD

La biblia ha menudo utiliza metáforas militares y de hecho el Apóstol Pablo comparó la experiencia de los creyentes con estar en el ejército del Señor. Es necesario estar equipado y entrenado apropiadamente durante nuestro período de servicio en el planeta Tierra.

No solamente es importante aprender los aspectos físicos de defensa, pero es de suma importancia tener y mantener una mentalidad sicológica adecuada. La mentalidad sicológica adecuada debe ser una parte integral de tu identidad, lo que garantiza un resultado victorioso.

Aún más fundamental es el hecho que ha que tener la realización de que EXISTE una guerra que se libra. Ignorar al enemigo o la guerra no te mantiene fuera de la guerra. Al contrario, te hace extremadamente vulnerable. Los creyentes frecuentemente viven una vida derrotados, porque ellos no saben o no entienden la naturaleza de su posición y las estrategias efectivas necesarias para la guerra espiritual. Cuando ellos le dicen que sí a Dios, ellos entran en una guerra con el mismo diablo. Ellos frecuentemente no se dan cuenta de que están en primera fila.

Dios Mismo, a través de los escritos del apóstol Pablo en Efesios, nos recuerda sobre esta batalla y sobre un enemigo que quiere luchar contra nosotros hasta el suelo y hacernos ineficaces para el reino de Dios.

La palabra lucha traducida en Efesios 6:12 habla de lucha mano a mano... una lucha caracterizada por el engaño, la astucia y estrategia. Por la naturaleza del enemigo y la seria naturaleza de los conflictos, es imperativo que tengamos inteligencia de combate precisa sobre nuestro enemigo. Esa inteligencia se puede encontrar en el último manual, la palabra de Dios.

El libro de Efesios es un libro que habla de algunos aspectos de la guerra. Para hacer frente a la guerra, hace enfasís sobre la relación del creyente a los principados y poderes detrás de él. Efesios 2:20-22 nos recuerda que nosotros estamos por encima de los principados y poderes de Satanás. Ellos no están por encima de nosotros, oprimiendonos ó controlando nuestros destinos con sus actividades diabólicas.

¡Nosotros estamos por encima de ellos! Armados con esta información, podemos orar con confianza y autoridad, sabiendo que podemos recuperar lo que el enemigo nos ha robado (Marcos 11:23-24). Nosotros podemos efectivamente hacer guerra en los cielos para establecer el reino de Dios y promoverlo sobre la tierra (Mateo 11:12).

Efesios 6:11 nos dice: "que nos pongamos la armadura del Señor, para que podamos ser capaces de estar firmes contra las acechanzas del diablo", los dispositivos astutos, el engaño y el maltrato constante. Mientras hacemos esto, debemos entender nuestro ADN espiritual… de lo que estamos hechos. Es en los primeros capítulos de Efesios, que describe lo que somos en el Mesías, mientras da cuerpo a estas verdades posicionales en el diario vivir.

Primero y ante todo, Dios quiere que nosotros sepamos quienes somos; y entonces para que hemos sido llamados.

¡Tan importante como nuestra identidad puede ser, nosotros nunca podremos completamente entender quienes somos NOSOTROS, hasta que entendamos completamente quién es Él! Él creó el universo (Génesis 1:1).

¡Él es EL GRAN YO SOY! (Exodo 3:14) Él perdona todas nuestras iniquidades, Él sana todas nuestras enfermedades,

Él redime nuestras vidas de la destrucción, Él nos corona con bondad amorosa y misericordia, Él satisfice nuestra boca con cosas buenas para que nuestra juventud sea renovada, Él hace juicio y justicia cuando somos oprimidos, Él es misericordioso y clemente, lento para la ira y grande en misericordia (Salmo 103:3-8).

Él nos conocía desde antes de estar en el vientre de nuestra madre (Salmo 139). Él nos conoce intimamente. Él conoce todas nuestras lagrimas, el número de cabellos que tenemos en nuestra cabeza y sostiene nuestros días en sus manos (Salmo 56:8, Lucas 12:7, Salmo 31:15). Él venda las heridas de los corazones rotos (Salmo 147:3) y Él ha venido a LIBERAR AL CAUTIVO (Isaias 61:1-3). ¡Que ÉL SEA GLORIFICADO!

¡Así como Él nos ha hecho libres, nosotros también hemos sido llamados a liberar a otros por Su gracia, compartiendo las mismas buenas nuevas! ¡El reino de Dios ha llegado! ¡El Señor es nuestra salvación! ¡El Señor es nuestra Roca, nuestra Fuerza, nuestra Fortaleza y nuestro Libertador!

Él es nuestro Escudo y nuestra Fortaleza (Salmo 18:2). Él es un escudo para todo aquel que cree en Él (Salmo 18:30). Él es nuestra ayuda siempre presente en tiempos de necesidad (Salmo 46:1). Él es la Gloria y el levantador de nuestra cabeza (Salmo 3:1-3). Él es el Alfa y el Omega (la primera y la última letra del abecedario Hebreo) que significa que Él es el principio y el final (Apocalipsis 1:8, Apocalipsis 22:13). ¡Él nos llama a la guerra!

Para realmente conocer de Dios y quien es Él, primero debemos tratar de entender su carácter. Solo estudiando los nombres de Dios, podemos aprender más sobre nuestro Comandante en Jefe y como Él ha lidiado con Sus soldados en el pasado.

Los nombres de la biblia eran a menudo indicaciones del carácter de las personas o alguna cualidad en particular de su carácter. El antiguo Testamento contiene una serie de nombres para Dios que revelan algunos aspectos de su carácter y sus tratos con el hombre. Vamos a ver algunos de estos nombres.

Elohim es el primer nombre mencionado en Génesis y es traducido a Dios. Es mencionado aproximadamnete 32 veces. Elohim se dice que está derivado de la version corta de El, que significa poderoso, fuerte o prominente. Esta palabra El por sí sola, es traducida a Dios mas de 250 veces y es frecuentemente conectada con circunstancias las cuales invocarian el gran poder de Dios.

Por instancia, en Números, es el nombre El (Dios en Hebreo) el que se utiliza para hablar acerca de Aquel que sacó a los Israelitas de Egipto. En Deuteronomio 10:17, es la palabra El la que se utiliza para retransmitir Él que es grande, fuerte y terrible. Y es la palabra El la que es usada en el nombre de Dios Todopoderoso.

El nombre Elohim como es utilizado por sí sola en Génesis 1:1 al 2:4 transmite la idea de poder gobernante, creativa con omnipotencia y soberanía. Una peculiaridad interesante de la palabra Elohim es que es en plural. La mayoría de los cristianos que estudian la palabra consideran el que esté en plural como referencia a la Divinidad de Dios, que se entiende como la Trinidad, el trino de la naturaleza de Dios.

Entre otras referencias similares, en Génesis 1:26, Elohim habla sobre Sí Mismo como Nosotros, cuando dice: "Hagamos el hombre a Nuestra imagen". Hay consuelo en este gran nombre de Dios, significando poder supremo, soberanía y gloria en una mano y un pacto de relación la cual Él guarda para siempre en la otra mano.

Por lo tanto, El dice: "Yo seré tu Dios (Elohim en Hebreo) y tu serás Mi pueblo". (Exodo 6:7, Levítico 26:12, Jeremías 7:23, Jeremías 11:4, Jeremías 24:7, Jeremías 30:22, Jeremías 31:33, Ezequiel 11:20, Ezequiel 14:11, Ezequiel 36:28, Ezequiel 37:23, Ezequiel 37:27, Osea2:23, Zacarías 8:8, Zacarías 13:9)

Elohim nos recuerda que Él es fiel y guarda su palabra. En Deuteronomio 7:9, dice: "conoce pues que El Señor tu Dios es un Dios fiel, que mantiene su pacto de amor a mil generaciones con aquellos que lo amen y guarden sus mandamientos". Su pacto es un pacto eterno (Génesis 17:7, Ezequiel 37:26). Además, Él añade, "Yo estaré contigo hasta el fin del mundo" (Mateo 28:20).

Después del nombre Elohim, aparece el nombre Jehová ó la combinación de Elohim-Jehová. El nombre Jehová se traduce a Señor y revela a Dios como un Ser Supremo de moral y atributos espirituales, amor, justicia, rectitud y santidad (Génesis 2:4, Levítico 19:2, Levítico 24:16, Salmo 11:7, Daniel 9:14, Génesis 18:25, Jeremías 31:3, Isaías 45:22-24, Salmo 89:15-16).

Es como Jehová, que Él se manifiesta en los pactos y actos de liberación y redención. A los hijos de Israel Él dice: "Yo soy Jehová. Yo los sacaré" (Exodo 6:6).

En Exodo 34:5-7, vemos a Jehová, un Dios que es micericordioso y clemente, lento para la ira y grande en su misericordia, perdonando nuestras transgreciones y nuestros pecados. Génesis17:1-2 revela a Dios Todopoderoso (El Shaddai). Shaddai primordialmente significa "abundancia de corazón" (shad Hebreo pecho) y esto indica el potente, toda la bondad de

Dios. Cuando esto se conecta con la palabra Él, confirma que Él es el Todopoderoso que nutre, suple y satisface.

Así como Él se revela a Abraham como El Shaddai quién es poderoso en suficiencia y dispuesto a proveer de Su abundancia, es claro que Él imparte plenitud y fecundidad para todos los que confían y esperan en Él (Génesis 11:11).

El Shaddai habla de los aspectos maternos de un Dios que tiene fuentes inagotables de gracia y amor infinito derramado sobre nosotros. La escritura nos dice: "Su misericordia es nueva cada día" (Lamentaciones 3:22-23). El Shaddai es nuestro Padre con fuerza y poder y Él es nuestra madre con abundantes provisiones.

También hay muchos nombres compuestos de Dios que surgen de eventos históricos. Estos nombres compuestos nos muestran algunos aspectos del carácter de Dios al suplir la necesidad humana. El nombre de Jehová Jireh es uno de estos nombres. El ejemplo biblíco mas significativo de esto se encuentra en Génesis 22.

Envuelve la historia de Abraham en la montaña a punto de obedientemente sacrificar a su único hijo, un prototipo de lo que Dios mismo estaba dispuesto a ofrecer. Issac, su hijo, ve la madera y el fuego, y entonces le pregunta a su padre donde está el cordero para la ofrenda, la respuesta de Abraham a esto fue que Dios mismo proveerá el cordero para la ofrenda. Abraham le puso por nombre a ese lugar, Jehová Jireh (Génesis 22:14) porque sabemos que Dios finalmente proveyó el cordero que estaba enrredado en unos arbustos cercanos para el sacrificio. Así que entendemos la traducción para este nombre es Dios proveerá. El nombre Jehová Rafa significa Dios sana. En Exodo 15, nos dice como Dios suplió agua a los Israelitas mientras ellos cruzaban el desierto en su camino a la tierra prometida. Y continua diciendo, en el verso 26, que Dios dijo: "si los Israelitas escuchan mi voz y hacen lo correcto ante mis ojos", Él no traería enfermedades sobre ellos.

Él dijo: "Yo soy Jehová tu sanador". Él cuida intimamente de nosotros y de todos los aspectos de nuestra vida como el Dios de restauración y sanación.

A pesar de que hay otros nombres para Dios, Jehová Nissi es un nombre muy importante que hay que considerar cuando se habla de guerra. Significa Jehová, mi bandera (Exodo 17:15). Nos recuerda la historia de Moisés elevando la vara, la vara que fué dada por Dios, mientras los hijos de Israel batallaban con los Amalecitas en Refidim.

Esta era la misma vara que había trabajado maravillas al traer las plagas sobre Egipto y al abrir el Mar Rojo para liberar a los hijos de Israel. Era la vara simbolizando la poderosa mano y el brazo extendido de Dios, la vara de Dios.

Cuando Moisés elevaba la vara, los Israelitas prevalecían y cuando la bajaba, el enemigo prevalecía. Fué esta la vara, como la bandera de Dios, que trajo la victoria. Fue allí en Refidim que Dios se reveló a Si Mismo como Jehová Nissi, El Señor mi bandera. ¡Los guerreros Israelitas fueron rápidos en comprender que la victoria le pertenecía a Dios solamente! Esa vara era el símbolo de Su presencia, poder y capacidad.

En tiempos antiguos, una bandera no era como la conocemos hoy en día. Muchas veces era un poste con un adorno brillante adherido que brillaba en el sol. Aunque hay diferentes significados para la palabra, bandera, aquí el significado es brillar.

También se traduce como poste, bandera o estándar. La palabra Hebrea para estándar es nos-sah, una raíz primaria asociada con la palabra Hebrea nes (milagro). La palabra nes también conlleva el significado de algo elevado o levantado como un poste o bandera. Era una señal para que el pueblo de Dios se reuniera con Él y a Su causa y Su batalla.

Era la vara de Elohim levantada en alto en las manos de Moisés como la bandera de Dios sobre ellos y la luz de Su rostro sobre ellos que fue la victoria de Israel. Las batallas de Israel son análogas a nuestras actuales batallas diarias y guerra espiritual. Los Amalecitas fueron los primeros enemigos que aparecieron al pueblo redimido de Israel. En Exodo 17:16, leemos: "La mano de Amalec se levantó contra el trono del Señor. Por eso El Señor estará en guerra contra Amalec de generación en generación".

Esta escritura es relevante hoy en día porque es un prototipo del mundo presente bajo la maldad (1 Juan 5:19) y que puede representar las actuales fuerzas de obscuridad que están levantadas en oposición a Dios. Las características son los deseos de la carne, la lujuria de los ojos, y el orgullo de la vida (1 Juan 2:16) que representan la raíz de nuestras propias batallas. Como soldados del Señor, somos advertidos de la constante lucha interna (Gálatas 5:17) donde nuestra carne y El Espiritú están el uno contra el otro, y estan en batalla constante. Así como los Israelitas, tenemos que levantar a Jehová Nissi, El Señor nuestra bandera (Exodo 17:15) para asegurar nuestra victoria continua.

Él es la bandera sobre nuestra guerra. Él es nuestra cobertura. Recuerda que Isaías 59:19 nos dice:"… Ciertamente el enemigo vendrá como un río caudaloso, pero el espiritú del Señor desplegará su bandera contra él". Él conquistó antes que nosotros. Juan 16:33 nos dice: "... tendremos tribulaciones en este mundo, pero que Él ha vencido al mundo". La fé en esto nos asegura la victoria, porque nos ha sido dicho: "... ésta es la victoria que ha vencido al mundo, NUESTRA FE" (1 Juan 5:4). Debemos ser fuertes en El Señor y en la fuerza de su poder. Nosotros podemos ir de fortaleza en fortaleza con cada victoria y saber que siempre triunfaremos en el Mesías (2 Corintios 2:14). Después de todo, ¿si Dios está con nosotros, quién contra nosotros? (Romanos 8:31).

Y finalmente, ¿quién puede olvidar la historia del joven David en 1 Samuel capítulo 17? Nos han dicho que el joven David, vino ante el gigante Goliat y le dijo: "... tu vienes a mí con espada, lanza y jabalina; pero yo vengo a ti en el nombre de Señor de los ejércitos (Hebreo Jehová Sabaot), El Dios de los escuadrones de Israel a quién tú has provocado"(1 Samuel 17:45). Obviamente, David tuvo una revelación divina de la naturaleza y el carácter de Dios al estar sin armas de igual nivel y hacer una declaración tan atrevida.

Este nombre de Dios, Jehová Sabaot, es el nombre compuesto de Dios mas usado, apareciendo 270 veces en el Tenach (El Antiguo Pacto). Lo vemos en las escrituras que se encuentran en 1 de Samuel, Isaías, Jeremías, Amos, Zacarías, Malaquías y Salmos para nombrar unos cuantos. Nos dice muchas cosas acerca de la naturaleza de Dios pero sobre todo enfatiza el absoluto poder de Dios sobre todo el universo y sobre todo ser viviente.

La imagen que viene a la mente con este título es un poderoso Comandante militar que con guiñar un ojo, puede convocar un rango sobre rango de poder protector. ¡Que gran Comandante en

Jefe tenemos! ¡Y finalmente, Él es y siempre será Jehová Tsidkenu (Hebreo El Señor nuestra Justicia)!

Este breve resumen solo nos da un entendimiento limitado de quién es nuestro Comandante en Jefe, pero aún así, nos corresponde a nosotros hacer nota del mandamiento de las escrituras en particular donde dice:"... PUES COMO ÉL ÉS, ASÍ SOMOS NOSOTROS en este mundo"(1 Juan 4:17).

En los primeros tres capítulos de Efésios nos dan detalles mas específicos sobre nuestra identidad. Dios no solamente nos dice quién somos en el Mesías, sino que en los tres últimos capítulos, Él nos instruye a caminar en la luz de quienes somos. En Efesios, nos dice que nosotros fuimos escogidos antes de la fundación del mundo (Efesios 1:4).

Mas allá continua diciendo que Él predestinó nuestra adopción a sí mismo a través de Jesús, el Mesías (Efecios 1:5), y que a través de El somos redimidos por su sangre. El apóstol Pablo nos recuerda que Dios nos ha dado ha conocer el misterio de Su voluntad y que nosotros tenemos una herencia al ser predestinados de acuerdo a su propósito.

Y finalmente, las escrituras nos dicen que estamos sellados en ÉL con la promesa del Espiritú Santo (Efesios 1:7-13). En caso de que esto no sea suficiente, nos han dicho que estamos sentados en lugares celestiales en Jesús, el Mesías, POR ENCIMA de los principados y poderes (Efesios 2:6, 2:20-22). Mientras procedemos, vamos a comprender cuan importante es en particular ese punto de vista en referencia a la guerra.

En este punto, tú debes estar pensando, ¿porqué YO? ¿porqué me escogió a MI? Su respuesta a eso sería que la salvación es Su regalo para tí. Todos somos salvos por su gracia. Nosotros somos hechura Suya, creados para las buenas obras que Dios preparó de antemano (Efesios 2:8-10). Ya no somos extranjeros o advenedizos, ahora somos parte del hogar de Dios (Efesios 2:19), siendo llamados fuera de la tiniebla a entrar en su maravillosa luz (1 Pedro 2:9).

También somos llamados hijos de Dios (1Juan 3:1). Somos llamados a caminar con autoridad y a tomar dominio (Génesis 1:26-28, 2:15) porque Él tiene un plan específico para cada uno de nosotros (Jeremías 29:11). Estamos llamados a mostrar las virtudes de Dios que nos ha llamado a salir de las tinieblas (1 Pedro 2:9).

Y finalmente, "El Señor, tú Dios te ha escogido a tí, de entre todos los pueblos que están sobre la faz de la tierra para ser su poseción mas preciada" (Deuteronomio 7:6, 14:2). Obviamente, El Señor piensa que somos capaces de recibir y caminar en este destino, porque Él nos ha escogido. ¡Recuerda, nosotros no lo escogimos a Él; Él nos escogió a nosotros! ¡Él nos escogió a tí y a mí y nos reclutó para su ejército, su grupo selecto! Se ha dicho que el hombre es definido en una relación. No hay relación mas grande que aquella forjada entre el hombre y su Creador.

Es en esta relación que se nos dá propósito y dirección (Jeremías 29:11, Salmo 139). Nosotros estamos destinados para el servicio y a llevar el favor de Dios mientras caminamos en sus sendas. Es a través de nuestro servicio, nuestro turno de servicio, nuestro llamado único por el que muchos son arrancados de la obscuridad y traídos al Reino, para que Él sea glorificado.

Dios ha colocado eternidad en nuestros corazones (Eclesiastés 3:11) y nos ha dado sueños y llamados que combinan con nuestro único ADN dado por Dios. Estos sueños y llamados constituyen nuestra asignación, nuestro turno de servicio. Nuestros sueños y llamados nos despiertan al propósito de Dios en nuestra vida. Nos une a aquellos que tienen sueños y llamados similares; nos conectan los unos con los otros.

Nosotros podemos observar la vida de José para una visión interesante a las obras divinas de Dios en asuntos como este. Las Escrituras dicen que José tenia el favor de Dios sobre él. Y después dice que conducía un Mercedes Benz y vivía en una mansión, ¿verdad? ¡NO! ¡Dice que fué enviado a la prisión! El favor de Dios estaba sobre él y aún así fue enviado a prisión.

Estoy segura que mientras lees esto, hay muchos que sienten similitud en las circunstancias de su propia vida… quizás no en prisión, pero sí similar en una situación incomoda en la que se han encontrado en su propia vida. Yo se que yo me relaciono con eso. Frecuentemente, cosas como esta pueden causar que inicialmente cuestionemos el amor de Dios por nosotros porque no vemos la pintura terminada. Y, durante estos momentos, el enemigo le encantaría sacar provecho de esas situaciones y susurrar en el oído que hemos sido abandonados y olvidados y dejados por muertos en las trincheras.

¡A él le encantaría que nosotros creyeramos que estamos en la madriguera del zorro solos! No creamos eso ni por un minuto, porque así como Él no olvidó a José, ¡Él no se ha olvidado de nosotros! Regresando a José, vemos que su llamado y su destino dado por Dios se estaban elaborando en una situación extrema. El sueño de José y su llamado lo llevaron a tener contacto con el Faraón y lejos de sus hermanos. En contacto con la persona que lo ayudaría a cumplir los planes de Dios … aún así sin saberlo.

Así es como Dios a veces trabaja en nuestras vidas. A través de cambios y circunstancias inesperadas, Él nos trae a las personas y lugares que Él quiere que transformemos para Él. Nuestros sueños y llamados todos sirven para disipar la obscuridad y el engaño del enemigo en nuestras mentes sobre quienes somos y porqué se nos encargó servir en el ejército de éste hombre en primer lugar (Efesios 1:4, 1:11).

Cuando nosotros solo vemos los problemas a los que nos enfrentamos, necesitamos recordar que nuestro llamado y nuestro destino descansan sobre la soberanía de Dios, y no sobre nosotros, porque nada puede frustrar los planes de Dios (Job 42:2, Isaías 14:27).

Durante nuestro turno de servicio, Dios redime y usa nuestros sufrimientos y errores pasados para Su gloria y para ministrar a otros, si nosotros se lo permitimos. Si nosotros no le permitimos a Dios redimir nuestro pasado, podemos convertirnos en seres amargados en lugar de ser un agente de sanación para alguien más. Podemos pensar que nuestros errores del pasado nos descualifican para servir, cuando, de hecho, nos posicionan a ser guerreros con mayor entrenamiento para Su servicio. José era débil y no tenía poder en la prisión, pero en última instancia pudo ministrar aquellos que eran tan débiles y sin fuerzas como en algún momento había sido él.

¡Cuando nosotros caminamos por completo nuestro turno de servir, la plenitud de nuestros dones y talentos, y somos capaces de alcanzar a otros y glorificar a Dios! Nuestras pruebas y batallas en la vida nos cualifican para estar en Operaciones Especiales, por así decirlo. Porque tenemos nuestras cicatrices de batalla, los incrédulos pueden confiar de que podemos hablar a sus dolores y desiluciones como uno que sabe como es. Frecuentemente

Dios cruza tu camino con esa persona en particular a quién solamente tú con tus cicatrices puedes ministrar. De eso se trata el ser redimido.

Lo más importante de este turno de servicio, es que somos llamados a ser buenos soldados para Jesús y a soportar tiempos difíciles como guerreros (2 Timoteo 2:3-4). En Las Escrituras, tenemos unos cuantos ejemplos de guerreros, pero, ninguno sobresale más que David. En Salmos 144:1-15, escuchamos la oración de este guerrero experto.

Desde sus días como un pastor joven y a través de su reinado como rey de la nación de Israel, Dios le dió poder en el arte de la oración estratégica y la guerra. La habilidad y experiencia de David fueron obtenidas en medio de una variedad de batallas, que van desde encuentros con osos y leones hasta su confrontación con Goliat, y la batalla que tuvo con Absalón, que con su desafiante insurrección casi le cuesta su reino.

Dios, en Su soberanía, le permitió a David aprender sobre guerra en MEDIO de la batalla. En el Salmo 144, David nos deja saber que fué Jehová Gibbor, el Poderoso Guerrero, quién le enseñó las técnicas y estrategias necesarias, y quién proveyó la capacitación divina para el éxito. Porque sabemos que toda Las Escrituras son dadas para nuestro ejemplo y enseñanza (2 Timoteo 3:16-17, 1 Corintios 10:11), nosotros podemos aprender una importante lección de la situación de David.

Primero que todo, vemos que una de las maneras en las que podemos convertirnos en guerreros hábiles es ser entrenados y puestos en el MEDIO de la batalla. Contrario al Haganah, donde practicamos el combate militar una y otra vez para establecer "memoria muscular", en la arena de guerra spiritual, la práctica no hace la perfección. Práctica perfecta hace la perfección. Como guerreros espirituales, nosotros nunca podremos conseguir el nivel de entrenamiento que necesitamos para llegar a ser efectivos mediante la participación en maniobras de guerra como Haganah. Tenemos que enfrentar un enemigo real en un campo de batalla real.

Entonces, y solo entonces, podemos ganar verdadera experiencia y salir como oro refinado en el fuego (Apocalípsis 3:18). Nosotros frecuentemente nos encontramos aprendiendo después de fallar. Simplemente leyendo la biblia o asistiendo a la iglesia o seminarios de guerra espiritual nunca nos va hacer guerreros efectivos. Proverbios implica que conocimiento sin experiencia es una locura. Tomar la sabiduría de los guerreros que caminaron antes que nosotros puede ayudarnos a aprender como guerrear mas efectivamente.

Apesar de que Moisés no es primordialmente conocido como un guerrero, la Escritura si nos provee algunas descripciones gráficas de sus conquistas militares y la siguiente decimación de las diversas tribus que ocupaban Canaán y las areas que la rodeaban (Deuteronomio 20:17, Números 21:2-3, Deuteronomio 2:24, 2:31-35, 3:3-6,20:16-17, Números 25:17). Dios le ordenó a los Israelitas bajo el liderazgo de Moisés a exterminar a todos los habitantes de Canaán y a tomar su tierra y a no"… dejar vivo nada que respire"(Deuteronomio 20:16-17).

Moisés y los Israelitas conquistaron con éxito estas tribus circundantes en preparación para poseer la Tierra Prometida que el Señor les dió como herencia. Moisés fué obediente en los mandatos del Señor. Pero, por varias complicadas razones, él nunca entró a la Tierra Prometida. Muchos creen que a Moisés no le fue permitido entrar a la Tierra Prometida por el incidente de la "roca" detallado en Números 20.

Sin embargo, la caída de la gracia pudo haber empezado mucho antes. Cuando Moisés estaba en la cima de la montaña con Dios recibiendo La Ley, el pueblo se cansó de esperar e hicieron un becerro de oro siguienda la lujuria carnal (Exodo 20:7-9)

Cuando Dios habló con Moisés y le dijo que iba a destruir al pueblo por su idolatría, Moisés le pidió a Dios que los librara.

Esencialmente, Moisés le estaba pidiendo a Dios que salvara al pueblo de Si Mismo. Moisés falló en comprender que Dios es recto y justo y necesitaba purgar este pecado de su pueblo y purificarlos atravéz de juicio. En los capítulos siguientes, vemos que Dios no estaba complacido. En Exodo 32:34, El Señor le dice a Moisés: "que Él libró al pueblo por ahora, por así decirlo, pero que se ocuparía de su pecado en el día de Su regreso.

En escencia, Dios estaba diciendo que la generación actual era perversa y necesitaba ser destruida para que la próxima generación pudiera recibir el manto de Moisés. Dios ofreció una nueva generación proveniente de Moisés, pero el se reusó a esa oferta y en cambio eligió abogar y salvar a la generación malvada de la ira de Dios.

Ahora bien, las Escrituras nos recuerda que los juicios de Dios son inevitables (1 Pedro 4:17). Moisés ultimadamente perdió la paciencia con sus cargos y eventualmente esto lo llevó al incidente en Números 20 donde fué excluido de la Tierra Prometida. Números 20:12 también nos dice que el pecado de Moisés fué incredulidad. Subsecuentemente, Moisés fué instruido por Dios para encargar a Josué y "fortalecerlo porque él liderará su gente y les hará heredar la tierra que ven"(Deuteronomio 3:28).

Moisés era un guerrero y siervo de Dios pero su incredulidad, su desobediencia y su decisión con respecto al juicio del pecado comprobó ser muy costoso para él. La obediencia es muy importante para un guerrero, es tan importante como tener el latido del corazón de Dios en todos los asuntos. Como la Escritura nos demuestra en Exodo 20, la simpatía y los puntos de vista humanos raras veces están alineados con los puntos de vista de Dios en los asuntos de la vida.

Moisés lideró los Israelitas en su salida de Egipto y Josué, el próximo guerrero en la escena, los lideró a la Tierra Prometida. Josué tenia una perspectiva diferente acerca del juicio del pecado. Después de perder una batalla en Hai, Dios le señaló a Josué que el pueblo lo había desobedecido. Josué fue rápido en buscar el pecado en el campamento y corregirlo.

Acán había traído el pecado y el juicio al campamento al quedarse con una parte del botín de una de sus conquistas y lo escondió en su tienda cuando el fué comandado a no hacerlo por Dios Mismo.

Cuando fué descubierto, Josué y el pueblo apedrearon a Acán y a toda su familia (Josué 7:10-26). Los Israelitas aprendieron de la peor manera que lo que una sola persona hace puede afectar el bienestar de una nación entera.

Ambos Josué y el pueblo que batallaron uno junto a Él tenían el celo de Dios por la justicia y el juicio, no como la generación previa que era rebelde y se quejaba. Josué no solamente poseía el celo de Dios por la justicia y el juicio, el tenía el ADN de un guerrero. En Exodo 32:15-18, está registrado que cuando Josué y Moisés estaban decendiendo de la montaña, escucharon ruido que venía del campamento abajo.

Josué pensó que el ruido que el escucho era... "un ruido de guerra en el campamento" mientras Moisés pensó que era... "el pueblo cantando". Como es documentado, El Señor quería que notaramos que Josué estaba "orientado a la guerra".

El espiritú en él siempre estaba preparado para hacer batalla con el enemigo. El sabía que había tierras que conquistar y reinos para ser tomados. Por eso él estaba tan dispuesto a pelear contra los gigantes en la Tierra Prometida apesar de los malos reportes de los otros espias (Números 14:6-10). No había ni un solo hueso de letargo espiritual en Josué. Pero, aquellos que no compartían el espiritú de Josué querían apedrearlo junto con Caleb.

La victoria mas memorable de Josué fué en Jericó. El fué obediente a las direcciones del Señor de marchar alrededor de los muros 6 veces durante los 6 días y después 7 veces durante el séptimo día (Josué 6). Josué sabía de guerra y tomar ciudades; y, en esta situación, el también entendió que una batalla espiritual se estaba librando.

El Señor instruyó a Josué de que esta batalla tenía que ser ganada a través de los sacerdotes con el Arca del Pacto. El arca habla de ser expuestos al rostro de Dios y Su rostro trae muerte a todo lo terrenal o impío. Como guerreros peleando en el espiritú de Josué, es imperativo que nosotros lleguemos "panim 1 panim"(cara a cara en Hebreo) con nuestro Dios y que nosotros también renunciemos a la confianza depositada en los métodos terrenales mientras aprendemos a "descansar" en el Señor. Dios Mismo, nos dice que debemos esforzarnos para entrar en ese reposo (Hebreos 4:1-3, Hebreos 4:11).

Los capítulos 3 y 4 del libro de Hebreos nos da una idea del fracaso de los Israelitas de entrar en Su Descanso como le fué instruido. Hebreos 3:19 dice, "Por lo tanto vemos que no pudieron entrar a causa de INCREDULIDAD". Capítulo 4 también nos alerta a NOSOTROS del peligro presente de la incredulidad. Para los Israelitas, era creer en La Tierra Prometida, pero ahora para nosotros que ya hemos creído en la salvación (Jesús, Hebreo Yeshua, Salvación, Dios salva), es sobre Fe continua en su eterna promesa y su habilidad de "perfeccionar lo que nos concierne"(Salmo138:8). Nosotros tenemos que descansar en la fé y creencia que Aquél que comenzó la buena obra en nosotros la va a terminar hasta el día de su retorno (Filipienses1:6)

David entendió el descanso. El nos recuerda en el Salmo 37:7-9 "Guarda silencio ante Jehová, y espera en él. No te alteres con motivo del que prospera en su camino, por el hombre que hace maldades. Deja la ira, y desecha el enojo; No te excites en manera alguna a hacer lo malo. Porque los malignos serán destruidos, pero los que esperan en Jehová, ellos heredarán la tierra".

El descanso es uno de los mas grandes regalos que Dios le dio a la humanidad (Levítico 23:1-3). La palabra Hebrea para descanso es nuach... descansar, estar tranquilo. Es sinónimo de Shabat... cesar o descansar.

El descanso es más que la mera inactividad. Es descansar en El Señor y Su trabajo terminado. El descanso de Dios no es un descanso del trabajo, pero en el trabajo; no el descanso de la inactividad, sino del trabajo armonioso de todas las facultades y afeeciones de la voluntad, el corazón, la imaginación y la conciencia, porque cada uno ha encontrado en Dios su cumplimiento ideal y satisfacción.

El descanso era tan importante en la agenda de Dios, que cuando Él instituyó las Fiestas (Levítico 23), el descanso en el

Shabat fué la primera Fiesta que Él ordenó (Levítico 23:1-3). El dijo que estas Fiestas son para que nosotros las guardemos por siempre a través de nuestras generaciones (Levítico23:14,21,31, 41). El añadió, "Estas son las Fiestas del Señor", no de Israel, no de los Judíos, pero de Él Señor. En ninguna parte de las Escrituras se nos ha dicho que descontinuemos la celebración de las Fiestas del Señor porque su propósito es anunciar al Mesías. Cada Fiesta representa el ser y la obra del Mesías que vendría.

Es necesario que dejemos nuestras propias obras y esquemas, que tratando de exigir nuestro propio camino y dejemos al Ruach Ha Kodesh (Espiritú Santo en Hebreo) que viva a través de nosotros para que podamos salir a nuestro destino (Hebreos 4:9-11), nuestro divino turno de servicio. Es solo entonces, que la batalla para ser santos se detiene. Para el creyente, el descanso es solo hacer lo que El Padre hace, y solo decir lo que El Padre dice. La gracia trabaja cuando nosotros descansamos (Deuteronomio 6:10-11). En el Salmo 91, la palabra Hebrea usada para morar es yashab, que significa que sentarse, establecerse, permanecer, habitar, lo que implica descansar bajo la sombra del Omnipotente.

El descanso era tan importante en la agenda de Dios que cuando el instituyó las fiestas (Levítico 23), el descanso del Shabat fue la primera fiesta que Él ordenó (Levítico 23:1-3). Él dijo: "hemos de mantener estas fiestas por siempre, através de nuestras generaciones (Levítico 23:14,21,31,41).

Él añadió, "estas son las Fiestas del Señor", no de Israel, no de los Judios, pero del Señor. No hay ningún lugar en las escrituras donde nos dice que descontinuemos la celebración de las Fiestas del Señor, ya que estaban predestinados a ser presagios del Mesías. Cada Fiesta representa el ser y la obra del Mesías que vendría.

En cada ocasión que celebramos las Fiestas y los Dias Sagrados, reconocemos la obra del Mesías. Se ha dicho que el Viejo Pacto es el ochenta por ciento del Nuevo Pacto oculto y el Nuevo Pacto es el ochenta por ciento del viejo Pacto revelado. El primer Pacto nos dió las profecías que presagiaban el Mesías; el segundo Pacto fué la renovación y el cumplimiento de esas profecías en el Mesías. Él es nuestro Descanso. Shabat (Hebreo Sabbath, descanso) es la primera (principal) Fiesta del Señor que se nos ha dicho que tenemos que guardar.

En Marcos 2:27-28, nos recuerda nuevamente que el descanso del Shabat fue creado para el hombre y no para Dios. En adición, es nuestro tiempo para honrar y recordar el primer y gran mandamiento. Ese mandamiento es amar a Dios con todo nuestro corazón, nuestra mente y nuestras fuerzas.

Mientras nosotros descansamos, reflexionamos y damos gracias, ganamos una comprensión profunda, que resume nuestra existencia en el planeta Tierra y nos permite vivir en paz a pesar de nuestras circunstancias a menudo angustiosas.

Podemos vivir en este entendimiento porque se nos dice: "Sabemos que a los que aman a Dios, todas las cosas les ayudan a bien, esto es, a los que conforme a su propósito son llamados." (Romanos 8:28-29) mientras somos conformados a Su imagen. Él terminará la buena obra que ha comenzado en nosotros y Él perfeccionará aquello que nos concierne (Filipenses 1:6, Salmo 138:8) a través del trabajo de Su Espiritú (Hebreo Ruach) en nuestras vidas.

El descanso comienza en la mente. El lugar donde Satanás (Hebreo Ha Satan) te lanza ataques es en tu mente, en tu imaginación. 3 Juan 2 nos dice: "que hemos de prosperar en todas las cosas a la misma vez que nuestra alma prospera. Nuestra alma es nuestra voluntad, nuestra mente y nuestras emociones. Nuestras emociones siguen de cerca los pasos de nuestro pensamiento y a menudo son señales de que algo anda mal en nuestro pensamiento. Por eso es vitalmente importante "renovar su mente todos los días por el lavamiento de la palabra (Romanos 12:2, Tito 2, Salmo 51).

Nos ayuda a descansar tranquilos cuando recordamos que Dios es soberano y que Él está en control de todo. El Rey David poderosamente lo resumió en la siguiente escritura: " Tuya es, oh Jehová, la magnificencia y el poder, la gloria, la victoria y el honor; porque todas las cosas que están en los cielos y en la tierra son tuyas. Tuyo, oh Jehová, es el reino, y tú eres excelso sobre todos. Las riquezas y la gloria proceden de ti, y tú dominas sobre todo; en tu mano está la fuerza y el poder, y en tu mano el hacer grande y el dar poder a todos. (1 Crónicas 29:11-12).

Mientras estamos siendo conformados con el lavamiento diario de la palabra, tenemos que estar dispuestos a dejar morir el yo, crucificar nuestra carne (nuestra forma de pensar) y ser resucitado en el glorioso semblante de Dios (Hebreos 4:1-11).

Hemos de manifestar un carácter fuerte, de naturaleza guerrera que es capaz de la destrucción de fortalezas espirituales al mismo tiempo reconociendo nuestras debilidades humanas ante Dios y "descansando" en Su fuerza para llevar a cabo Su palabra.

Como guerrero a Su servicio, es de suma importancia el estar llenos de Su Espíritu, de tener los latidos de su corazón, ser obedientes y a ser prontos para juzgar el pecado en nuestro campamento y corregirlo. David caminó en la fuerza; Moisés caminó en la gloria; Josué caminó en fé; y nosotros hemos sido llamados a caminar en fé Y en El Espíritu en estos últimos días de batalla.

Y finalmente, hay un guerrero inesperado al que debemos observar mientras tratamos de entender el punto de vista de Dios. Ese es Gedeón, y en Jueces 6:8, nos cuentan su historia. El pudo haber sido seleccionado como el guerrero mas inesperado si hubieran hecho una encuesta ese día.

Israel había caído en el pecado y en la idolatría y Dios PERMITIÓ que los Madianitas invadieran la tierra cada año y les robaran la cosecha. Un día, Gedeón estaba escondido en el lagar sacudiendo el trigo, para que los Madianitas no lo pudieran encontrar. Dios lo buscó mediante el envío de un ángel para que le anunciara, ¡Jehová está contigo, varón esforzado y valiente! (Jueces 6:12). Esto era lo contrario a cómo Gedeón se veía a sí mismo. Gedeón se veía como joven, débil e ineficaz.

Esto es un punto importante porque como nos vemos a nosotros mismos definitivamente afecta la manera en que nos involucramos en la guerra. Nosotros tenemos que tener el punto de vista de Dios de quien Él dice que somos. Dios vió a Gedeón como un...varón esforzado y valiente."

El Señor comisionó a Gedeón para liderar a Israel en batallla contra los Madianitas. Yo estoy segura que eso era la última cosa que Gedeón quería hacer, pero el fue obediente a las directrices de Dios. Aunque había un pequeño problema.

Gedeón era superado en número mas de cuatro a uno. Habían 135,000 Madianitas y 32,000 hombres de Gedeón. Imagínate la sorpresa de Gedeón cuando Dios le dijo: "que sus números eran deasiados grandes." Dios le dijo:" que enviara a casa a los que tuvieran miedo" y 22,000 se fueron. Gedeón se quedó con 10,000 hombres.

Ahora era superado trece a uno, pero Dios todavía no había terminado. Para sorpresa de Gedeón, Él dijo: "Todavía hay mucha gente" (Jueces 7:4). Dios tenía otra prueba para los hombres que quedaban. Tenían que bajar al río a beber. Solamente los hombres que lamieran el agua como un perro pasarían la prueba (Jueces 7:4-7).

Ellos eran los hombres que probaron ser vigilantes al tomar agua sobre una rodilla con los escudos en la otra mano. Cuando Gedeón y sus hombres finalmente se enfrentaron a sus adversarios, eran superados 450 a uno. Hubo una derrota total de los Madianitas demostrando que los caminos de Dios, son muy diferentes a nuestros caminos (Isaías 55:8-9). Para Dios, la pregunta no es ¿cuanta gente? sino ¿que clase de gente?

En el ejército de Dios, no le podemos dar cabida al miedo y correr. No podemos enterrar nuestros rostros en los asuntos de la vida y olvidar que estamos en un conflicto espiritual con fuerzas invisibles de la obscuridad que siempre están esperando tomarnos desprevenidos. Esta guerra que estamos batallando requiere vigilancia incesante en cada situación, y demanda disciplina personal consciente. Somos advertidos, "Sed sobrios,yvelad; porque nuestro adversario el diablo, como león rugiente, anda alrededor buscando a quien devorar"(1 Pedro 5:8).

Ignorar la advertencia es ser vulnerables a los sutiles, impredecibles, pero seguros ataques de Satanás. Los guerreros deben desarrollar su carácter mientras van de victoria en victoria y avanzando contra el enemigo. Así como el oro es probado en el fuego (Job 23:1, 1 Pedro 4:12, Apocalipsis 3:18-19), el carácter se desarrolla en las pruebas y batallas de la vida. Carácter es la clave para caminar hacia tu destino y cumplir con tu turno de servicio personal.

Es también uno de los elementos esenciales en la guerra espiritual. Si el enemigo pude continuamente herirte y mantenerte al margen de la vida, ha tenido éxito en hacerte ineficaz. Pruebas y tribulaciones son la herramientas frecuentes que Dios usa para construir los rasgos de carácter en nosotros. En Romanos 5:3-4, ¡vemos que las pruebas producen perseverancia, y producen paciencia lo que es igual a esperando con contentamiento! La perseverancia es necesaria para sobrevivir las batallas espirituales que nos enfrentamos.

Por lo tanto, perseverancia es pelear la batalla mientras esperas con contentamiento. La perseverancia produce carácter. El carácter produce esperanza y la esperanza produce designaciones predestinadas por Dios. La prueba de José en la prisión, fué una de sus pruebas de carácter. El carácter ocurre cuando lo que tu crees se infiltra en tu comportamiento. Santiago nos recuerda que "...la prueba de vuestra fe, produce paciencia y resistencia y que nosotros "... debemos dejar que "la paciencia y resistencia tenga su obra completa"(Santiago 1:2-4).

En otras palabras, nosotros debemos seguir resistiendo hasta que el propósito de Dios ha sido totalmente resuelto y Él trae ese aspecto en particular de la prueba a su fin. ¡Entonces, estaremos en la próxima batalla asignada!

Capítulo Dos

NUESTRA ASIGNACIÓN Y PREPARACIÓN

El objetivo de esta guerra es hacerle saber a todos los que se cruzen en nuestro camino las buenas nuevas del Reino y de liberar a cuantos cautivos nos sea posible. La prioridad número uno para nosotros durante nuestro turno de servicio es "... buscar primeramente su reino..." En el pasaje de Isaías 61:1-3, somos introducidos al Rey que reinará en el Reino glorioso que Isaías acaba de describir.

Jesús (Yeshua en Hebreo) leyó de este pasaje en la sinagoga (ver Lucas 4:17-21) y dijo: "Hoy se ha cumplido esta Escritura delante de vosotros". El Señor fué enviado a predicar las buenas nuevas del Reino, para vendar a los corazones rotos, para proclamar libertad a los cautivos, para abrir la prisión a aquellos que están presos, para proclamar el año de la buena voluntad del Señor y para consolar a todos los enlutados.

El reemplaza las cenizas por belleza, óleo de gozo en lugar de luto y el manto de alegría en lugar del espíritu angustiado para que Él sea glorificado (Isaías 61:1-3). ¡Yeshua trajo el mensaje de libertad, restauración y reconciliación a un mundo que está muriendo y eso es a lo que exactamente NOSOTROS hemos sido llamados! Todas estas tareas comprenden la asignación básica para todos los soldados. Entonces, hay direcciones específicas dadas individualmente según El Espíritu nos habla y nos guia a lo que constituye el turno de servicio personal de ese individuo.

A través de las instrucciones en el manual, la palabra de Dios, se nos es dicho que debemos tener compasión con algunos (Judas 1:22), arrebatar algunos del fuego (Judas 1:23) reprobar, reprender y exhortar a algunos (2 Timoteo 4:2, Hebreos 3:13), llorar con los que lloran (Romanos 12:15), consolar a los que están de luto (Isaías 61:3), alimentar a los que nos rodean con su palabra (1 Pedro 5:2), y seguir presionando a la meta, al premio del supremo llamamiento (Filipenses 3:14).

Pero, mas importante es que debemos estar listos para predicar La Palabra a tiempo y fuera de tiempo (2 Timoteo 4:2) y a... "proclamad entre las naciones Su gloria, en todos los pueblos Sus maravillas" (Salmo 96:3). Debemos dejar que nuestra luz brille tanto que otros verán nuestras buenas obras y glorificaran a Dios (Mateo 5:16).

Mas así, nuestro Comandante en Jefe nos dice en Mateo: "id ante las ovejas perdidas de la casa de Israel. Y yendo predicad, diciendo: El reino de los cielos se ha acercado. Sanad enfermos, limpiad leprosos, resucitad muertos, echad fuera demonios; de gracia recibisteis, dad de gracia" (Mateo 10:5-10).

En Romanos 12:1-12, Pablo nos dice que presentemos nuestros cuerpo en sacrificio vivo, santo y agradable a Dios como nuestro culto racional. El prosigue a describir varias cosas que son la voluntad perfecta de Dios para nosotros como el no ser semejantes al mundo, renovar nuestra mente, ser humildes, siendo amablemente predispuestos entre sí, gozosos en la esperanza, ser sufridos en las tribulaciones y constantes en la oración. Romanos 12:18, nos recuerda que si es posible, en cuanto dependa de nosotrosestemos en pa con todos los hombres.

No debemos pagar mal por mal o buscar venganza contra nuestros enemigos. Sino, " hemos de darles de comer y beber" si tienen hambre y sed (Romanos 12:17-21). En Romanos 13:1-14, somos instruidos a honrar la autoridad, a caminar en amor sin deberle a nada a nadie sino amor, a despertarnos de nuestro sueño, a deshacerse de las obras de las tinieblas, a ponernos la armadura de la luz, a caminar honestamente, vistiendonos del Mesías y no proveer para los deseos de la carne. Estas órdenes son órdenes de altura para llevar a cabo pero debemos recordar que al hacer todas estas cosas, cumplimos con la ley que encuentra su fin en el amor.

En Tito 3:1-2, somos recordados de nuestra ciudadanía y estado de alistamiento y nuestra responsabilidad a ese estado como somos dirigidos a "... estar sujetos a gobernantes y autoridades, que obedezcan, que estén dispuestos a toda buena obra, no hablar mal de nadie, que no sean pendencieros, sino amables, mostrando toda mansedumbre para con todos los hombres." Y finalmente, hemos de andar como es digno de Dios que nos ha llamado (Efesios 4:1).

El profeta Miqueas resume concisamente al afirmar que hemos de amar misericordia, hacer justicia y humillarnos ante de Dios (Miqueas 6:8).

Para completar nuestro turno de servicio, todo buen soldado debe estar acondicionado y preparado para la batalla. Él o ella por lo general atraviesan un período de entrenamiento intensivo conocido como campo de entrenamiento. Es aquí que el soldado es entrenado físicamente y preparado mentalmente para lo que le espera mas adelante. En adición al entrenamiento físico, usualmente hay muchas discusiones sobre el enemigo y lo que puedes encontrarte durante tu turno de servicio. Este tiempo es probablemente el componente más integral de la experiencia militar previa al encuentro. Un soldado debe ser un recipiente adecuado.

Entrenamiento en Haganah envuelve el pasar tiempo involucrado en preparación para la batalla, por así decirlo. Al principio de la clase lentamente elevamos el ritmo del corazón y calentamos haciendo ejercicios de estiramiento, abdominales, planchas, boxeo de sombra, y varias calistenia para preparar nuestro cuerpo y mente para la tarea en cuestión. Estas técnicas se realizan en preparación para ejecutar las maniobras y combates militares que son el corazón de este sistema de defensa.

Así como es importante entrenar tu cuerpo y tu mente para que esten preparados para un asalto, es igualmente vital prepararte para la guerra espiritual. En última instancia, se nos dice que presentemos nuestro cuerpo en sacrificio vivo (Romanos 12:1). Para ese fin, hay ciertos protocolos, "calentamientos espirituales" por así decirlo, que son necesarios atender antes de participar en la batalla.

Primero y primordialmente, hay necesidad de permitir al Espítu de Dios que brille Su luz en las profundidades de nuestros corazones mientras nos examinamos (Proverbios 20:27, Salmo 15, Salmo 139:23-24) y mientras confesamos nuestros pecados (1 Juan 1:9, Salmo 24:3-4, Salmo 51). Efesios 4:23-32 nos dice que seamos renovados en el espíritu de nuestra mente y nos vistamos del nuevo hombre.

Se nos hes dicho que desechemos el hurtar, la mentira, ira, amargura, y toda comunicación corrupta (Efesios 4:29-32, Colosenses 3:8, 1 Pedro2:1); nuestra directiva es el no darle lugar a Satanás en nuestras vidas en el hacer estas cosas. Por otra parte, somos llamados a ser benignos, a perdonar y ser amables unos con otros (Efesios 4:32) así como nuestro Comandante en Jefe ha sido con nosotros. Es solo después de esta preparación inicial que estamos preparados para el siguiente nivel de compromiso.

En Haganah, como en los deportes, el calentamiento es la tarea más importante. A medida que avanzamos hacia el matre para hacer el calentamiento, escuchamos al instructor dar una directriz importante. Lo escuchamos decir: "¡Relajense... la vida es buena!" El se refería a nuestra vida temporal. Pero para el creyente, la vida ES buena porque nosotros sabemos que somos Sus seleccionados, que somos amados y que tenemos el privilegio de operar en la plenitud de los principios del Reino. Sí, la vida ES buena para aquellos que conocen a Dios de una manera intima.

Hay una gran diferencia entre el conocimiento intelectual "conocer a Dios" y el conocimiento del corazón "conocer a Dios". Conocimiento del corazón invoca una intimidad con Dios que el conocimiento intelectual nunca podría alcanzar. La Biblia invita a todos a "... gustad y ved que buen es el Señor" (Salmo 34:8). Como creyentes, tenemos que mantenernos "relajados" y dejar que el amor de Dios fluya a través de nosotros. Somos llamados a manifestar la bondad del Señor mientras caminamos en amor (1 Juan 4:7-8, 15-21, Juan 15:10-11, Juan 13:34, Lucas 6:27-32, Mateo 5:44).

Cuando preguntado sobre el gran mandamiento, Jesús habló sobre amar a Dios con toda nuestra almas, corazones y mentes y amar a nuestro prójimo como a nosotros mismos. El añadió que toda la ley depende de estos dos mandamientos (Mateo 22:37-40). Toda ley espiritual de Dios se resume en la palabra amor. El apostol Pablo explicó en Romanos 13:10 que "el cumplimiento de la ley es el amor". También dice que la ley de Dios es espiritual (Romanos 7:14), y que esta ley es cumplida por el amor espiritual, el amor ágape.

El amor ágape es el mismo amor de Dios porque la escritura dice que Dios es amor (1 Juan 4:8). Juan 3:16 dice: "porque de tal manera amó Dios al mundo, que ha dado a Su hijo unigénito, para que todo aquel que en Él cree, no se pierda, mas tenga vida eterna". El amor ágape es el fruto del Espíritu de Dios que mora dentro de nosotros (Galatas 5:22). El amor ágape se caracteriza por ser paciente, amable, sincero, desinteresado, confiado, cree, esperanzado y perdurable (1 Corintios 13:4-13). Por otra parte, la Escritura dice: " el amor de Dios ha sido derramado en nuestros corazones" (Romanos 5:5) por el Ruach Ha Kodesh (Espíritu Santo de Dios en Hebreo). Nosotros solo conocemos el amor porque Dios nos amó primero (1 Juan 4:19). La escritura habla mucho de que el creyente debe mantener su caminar en amor (Juan 13:34-35, 1 Juan 2:6, 2 Juan 1:6, 1 Corintios 13:1-3).

El amor es la interpretación suprema de la Torá porque el amor es el principio fundamental que define como todas las leyes han de ser obedecidas. Sorprendentemente después de que Pablo pasa tiempo en Romanos y Gálatas argumentando en contra de su necesidad de observar la Torá, el contesta su pregunta sobre como cumplir la ley al escribir Romanos 13:8-10: "No debaís a nadie nada, sino el amaros unos a otros; porque el que ama al prójimo, ha cumplido la ley. Porque no adulterarás, no matarás, no hurtarás, no dirás falso testimonio, no codiciarás, y cualquier otro mandamiento, en esta sentencia se resume: Amarás a tu prójimo como a tí mismo. El amor no hace mal al prójimo; así que el cumplimiento de la ley es el amor".

El nuevamente declara esto en Gálatas 5:14: "Porque toda la ley en esta sla palabra se cumple; amarás a tu prójimo como a ti mismo.

El Reino de Dios es regido por la ley del amor.

Debemos ser motivados por el amor (Judas 21), marcado por el amor (1 Corintios 13:4-13) y dominado por el amor (1 Corintios13:4-7) porque el amor nunca falla y al final, el amor cumple la ley (Romanos 13:10). La marca de un creyente no es actividad por Dios, es amor. Mientras mas amamos, es mejor el "gusto" que somos para otros, y entonces verdaderamente podemos decir, "gustad y ved que bueno es El Señor" (Salmo 34:8).

El amor y el guardar los mandamientos estan unidos. Note que las escrituras nos recuerdan esto:

1Juan 5:3 dice, "Pues este es el amor a Dios, por el que guardemos sus mandamientos". 2 Juan 6 nos dice que "es el amor el andar en sus mandamientos" 1 Juan 2:4-5 dice, "El que dice: yo le conozco" y no guarda sus mandamientos, el tal es un mentiroso, y la verdad no está en él.

Pero el que guarda su palabra, en este verdaderamente el amor de Dios se ha perfeccionado. Y finalmente, "el que tiene mis mandamienos y los guarda, ése es el que me ama" (Juan 14:21)

"Amor" es de la manera en que Dios vive y es la manera en que nos ordena vivir. Es la halachah (Hebreo para la forma en que uno camina). Esta halachah es lo que el apostol Pablo tenía en mente cuando escribió: "andemos en el espíritu" (Gálatas 5:25). Al decirnos como vivir, Dios nos dió directrices (enseñanzas) para ayudarnos a entender como hacerlo. Él nos dió Sú Torá, sus enseñanzas y sus instrucciones. De hecho, Torá significa enseñanza o instrucción que está lejos del entendimiento de la mayoría de los creyentes hacia la palabra. Proverbios 3:18 nos recuerda que, "Ella (Torá/sabiduría) es árbol de vida para los que de ella echan mano, y bienaventurados son los que la retienen". La Ley (como algunos llaman al Torá) nunca estaba supuesta a ser una carga, al contrario estaba destinado a ser de instrucción, una enseñanza.

La palabra Torá, tradicionalmente se refiere a los primeros cinco libros de la Biblia e incluye los 10 mandamientos. Le fué dado a Moisés y los Israelitas en el Monte Sinai DESPUÉS de haber sido liberados de la opresión de Egipto. Torá, fué dada a este pueblo ahora redimido para enseñarles como vivir un estilo de vida redimidos de ahi en adelante. Igualmente, después de que somos redimidos, debemos llegar a un nuevo y mas profundo entendimiento de la Torá como nuestro manual de instrucción.

Desde una perspectiva Mesiánica, podemos ver dos grandes continuidades en la Torá que comenzando en Génesis. Primero es el tema de la redención. La raza humana, creada a la imagen de Dios, tiene un destino que será cumplido a pesar del fracaso y la oposición.

Temprano en la historia, cuando el pecado de Adán y Eva parecía haber desviado el propósito de Dios, Dios promete una semilla, un descendiente de la mujer que derrotará la oposición. El tema de la semilla prometida continua a través del libro.

Segundo es el tema del pacto. Después del diluvio, Dios hace un pacto con toda la nación a través de Noé. Después, cuando Dios levanta una humanidad restaurada a través de Abrahán, Él establece un pacto con él también, el cual Dios preservará y pasará a cada generación sucesiva.

Los temas de la redención y el pacto son fundamentales para la Torá y para todas las escrituras que fueron construidas sobre ella, el Manual, la Biblia que poseemos y leemos hoy en día. Estos temas nos permitirán leer la Torá, no tan solamente un libro de historia o libro de reglas, pero como una historia de la Creación hasta su finalización, una historia llena de esperanza para nuestro mundo. En este entendimiento, la Creación no es un fin en sí mismo, sino en el moverse hacia una meta "la finalización de la orden de Dios y shalom" (paz, plenitud). Ciertamente, este tema de la Creación y su consumación subyace toda la Torá.

Este tema también desbloquea el significado de nuestras vidas. Define nuestro turno de servicio. Cuando Dios creó a la humanidad, Él le dió una encomienda de mejorar y mantener Su Creación: "Y los bendijo Dios y les dijo: "Fructificad y multipliaos, llenad la tierra, y sojuzgadla; y señoread los peces del mar, en las aves de los cielos y en todas las bestias que se mueven sobre la tierra" (Génesis 1:28). Los humanos han de llenar la tierra que Dios ha creado y someterle y gobernarle en una humano-divina asociación. Dios puso a Adán y a Eva en el Jardín y les dijo: "que lo guardase" (Génesis 2:15). Esta tendencia y mantenimiento humana del Jardín era para aumentarlo hasta que toda la tierra se convierta en un Jardín y la Creación alcance el cumplimiento para el que fué diseñado.

Ahora bien, como ya sabemos, el pecado entró en la escena para interrumpir el plan y por su desobediencia, Adán y Eva fueron expulsados del Jardín y fueron separados del Árbol de la Vida.

Su exilio prepara el escenario para la búsqueda humana a travez del resto de la Torá, y en nuestras propias vidas, la búsqueda del Árbol de la Vida. El Judaísmo ve la Torá como el árbol de la vida. Cuando la Torá es levantada frente a la congregación, los creyentes recitan el Salmo 119, que nos dice: "La Torá es un Árbol de Vida para todos los que toman el asimiento de Él". El escrutinio de la Torá, abrirá el regreso al Árbol de la Vida.

En Mateo 5:17, leemos las palabras del Mesías con respecto a la Torá. Él dice: "No penseis que he venido para abrogar a los profetas; no he venido para abrogar, sino para cumplir". La palabra que leemos "ley" es la Torá en Hebreo y su significado principal es la enseñanza o instrucción en lugar de una regulación legal. Cuando muchos cristianos bien intencionados leen esto dicen que cuando Jesús (Yeshua en Hebreo) "cumplió la ley", Él lo trajo a un final. En los versos que le siguen a este verso, vemos que esto no es cierto. La clave para entender este verso es usar un punto de vista Hebraico de la frase "cumplir la ley", esta frase es un modismo rabínico que significa mantener o establecer (Lekayem en Hebreo), así como completar o lograr.

En su libro titulado, Nueva Luz sobre las Palabras Difíciles de Jesús: Entendimiento desde sus contextos judíos, David Bivin afirma que, "cumplir la ley" se utiliza a menudo como un lenguaje para interpretar correctamente la Torá para que las personas puedan obedecerla como Dios realmente propone. Nosotros debemos recordar que Jesús (Yeshua en Hebreo) nunca tuvo una Biblia Reina Valera; Él tuvo la Torá y cuando dijo: "Está escrito…", Él se refería a la Torá. En ninguna parte repudió Jesús los Diez Mandamientos o cualquier parte de la Torá. De hecho, los Diez Mandamientos y la mayoría de la Torá son reiterados a través del Nuevo Testamento. Ha sido dicho que el Viejo Pacto es el Nuevo Pacto oculto y que el Nuevo Pacto es el Viejo Pacto revelado.

Cuando Pablo exhorta a los creyentes con respecto a "poner en todo el consejo del Señor" (Hechos 20:27), el se está refiriendo al consejo y entendimiento encontrado en la Torá. La iglesia primitiva no enseñaba lo que es comunmente enseñado hoy día en el Cristianismo. ¡A los creyentes en el primer y segundo siglo se les enseño la Torá! Después de todo, el Brit Hadasha (Hebreo para Nuevo Pacto) no es realmente un camino nuevo, es un camino renovado en la Torá, cumplido por la justicia y la vida sin pecado de nuestro Señor Judío, Yeshua Ha Massiach (Jesús, el Mesías en Hebreo). Si somos creyentes y seguidores del Mesías entonces tenemos que caminar como lo hizo Él. Él es nuestro ejemplo.

La palabra Torá es derivada de otras dos palabras hebreas: "or" (Strong's #216) que significa "luz" y "yarah" (Strong's #3384) que significa "disparar una flecha".

La "or" (luz) de la creación era Dios hablando en la oscuridad para llevar luz y orden al caos. En el Hebreo, el relato de la creación se llama al ambiente "Tohu v' bohu" que significa "caos y vacío". Entonces, Dios dijo: "Sea la luz" (Génesis 1:3). Esta "or", esta Luz primordial, existía antes de la creación del sol; era la Luz Divina de Dios mismo que atravesó la oscuridad y trajo orden.

La segunda palabra raíz de la Torá es "yarah" que significa "disparar una flecha. Podemos conectar esta idea a un arquero disparando una flecha". Si la flecha falla el objetivo pretendido, es llamado "pecado", lo que simplemente quiere decir que fallamos el objetivo. Como nos recuerda la palabra, " todos pecaron (fallado el objetivo que Dios tenía para nosotros) y están destituidos de la gloria de Dios" (Romanos 3:23). En una conección interesante, Rabi Messer dice en su libro, Torá: Ley ó Gracia, que "cuando tu confesión (Jesús) iguala tu conducta (Torah), es llamadao Ha Kavod (La Gloria en Hebreo)". Damos en la marca, por así decirlo, cuando andamos en sus caminos y seguimos sus enseñanzas, su Torá. Torá es la constitución del Reino de Dios y es lo que nos provee nuestro estado de ciudadanía y nos permite reclamar nuestros derechos bajo la sangre de nuestro Mesías, nuestro Comandante en Jefe. Nosotros debemos leer la "constitución" para saber nuestros derechos como un ciudadano del Reino, ¡para que se lo podamos leer al enemigo cuando somos capturados! ¡El enemigo no puede detener ciudadanos del Reino cuando ellos conocen sus derechos!

La continua batalla de los siglos no es necesariamente el echar fuera demonios sino que es mantenerse correctamente relacionado a Dios. Si queremos estar correctamente relacionados con Dios, entonces debemos estar en la correcta relación con Jesús y correctamente relacionados con el Manual, la Palabra de

Dios. Hay poder y autoridad en Sú Palabra (2 Timoteo 3:16-17) y en Sú nombre.

Cuando nos mantenemos correctamente, relacionados a Dios y caminamos el camino de amor que se nos manda a caminar, haremos guerra con mayor eficacia durante nuestro turno de servicio. Pero, más importante aún, TRAEMOS EL REINO DE DIOS A LA TIERRA.

La próxima "calistenia espiritual" importante en nuestro entrenamiento y ejecución de nuestro deber es pasar tiempo dando gracias, rindiendo culto y alabando, (Salmos 92:1-2, 103:1-5, 149:1-6, 24:7-10). La Escritura dice:" entrad por sus puertas con acción de gracias, por sus atrios con alabanza" (Salmo 100:4-5, 22:3).

Hay un aparte interesante en el versículo 4 del Salmo 100. Este verso tiene 4 de las 7 palabras Hebreas usadas para gracias o dar gracias. Las siete palabras Hebreas son: todah, barak, tehilla, halal, yadah, zamar, and shabach. Salmo 100, verso 4 es el único lugar en la biblia en el que todas estas palabras están presentes a la misma vez. Cada palabra tiene un significado un poco diferente de la otra. Todah significa un coro de dar gracias; barak significa arrodillarse dando gracias; tehilla significa cantar una canción de gracias; halal significa dar gracias clamorosamente; yadah significa dar gracias con las manos extentidas; zamar significa dar gracias con un instrumento musical; y shabach significa dar gracias en un tono alto. Así, que el verso lee: "Vengan a Sus atrios dando gracias (todah) y entren a Sus atrios con alabanza (techilla); sean agradecidos (yadah) con El, y bendigan su nombre (barak). Así lee el Salmo 100:4 "Entrad por Sus puertas con acción de gracias (todah), por Sus atrios con alabanza (tehilla); alabadle (yadah), bendecid Su nombre (barak)". Asi Salmo 100:4 leería,

"Entrad por Sus puertas con un coro de dar gracias, por Sus atrios cantando una canción de gracias; dar gracias con las manos extendidas, y arrodillese dando gracias".

El libro de Salmos está lleno de palabras de dar gracias y alabanzas a Dios. Para el creyente, una actitud de dar gracias es una orientación práctica a un estilo de vida de apreciación genuina por los actos de Dios en la vida de uno. El escritor de 1 Tesalonicenses 5:18, nos habló palabras de instrucción diciendo: "Dad gracias en todo, porque esta es la voluntad de Dios para con vosotros en Cristo Jesús". ¿Cual es esta voluntad de Dios? Es que le demos gracias a Él en todas las cosas. Tenemos que darle gracias aun en medio de nuestras batallas. Tenemos que darle gracias por las puertas cerradas así como las puertas abiertas. Tenemos que darle las gracias a Él por las cosas que hemos orado y no visto todavía (Hebreos 11:1, Efesios 5:20, Salmo 116:17, Juan 13:13-14). Nosotros tenemos que darle gracias a Él por las situaciones que no entendemos o que no tienen sentido, y sí, hasta por el dolor que es aún más difícil entender o aceptar. La acción de gracias provoca una liberación en lo sobrenatural. Y ¡la acción de gracias produce rendir culto!

Tan importante es el aspecto de dar gracias, alabar, rendir culto que Jesús nos enseñó el modelo perfecto para acercarnos a Dios el Padre en la Oración del Señor (Mateo 6:9-13).

Comienza con culto y alabanza y luego pide con seguridad para el sustento diario, dirección y protección. Solo podemos terminar esta oración con una actitud de dar gracias por estas provisiones. Además, podemos ser agradecidos que Él dirige nuestros pasos (Salmo 37:23, Proverbios 3:5-6, Proverbios 16:9), que Él nos guia con Sus ojos (Salmo 32:8) y que Él nos da los deseos de nuestro corazón mientras nos deleitamos en Él

(Salmo 37:4). Además Su Palabra dice: "no quitará el bien a los que andan en integridad" (Salmo 84:11).

En las escrituras, vemos varias referencias a Jesús dando gracias. Él bendijo y dió gracias por los panes y los pescados antes de alimentar la multitud (Juan 6:11). Le dió gracias al Padre que reveló cosas a los niños (Mateo 11:25). Dió gracias antes de tomar la copa de vino en Su útima cena (Mateo 26:27). Y también al Padre por que escuchó Sus oraciones (Juan 11:41).

La palabra de Dios nos dice que dar gracias es algo bueno (Salmo 92:1) y que es un mandato para nosotros (Salmo 50:14, Filipenses 4:6). Y nosotros también sabemos que estamos en buena compañia cuando le damos gracias a Dios porque todo el ejército celestial de los ángeles y los ancianos participan en ella también (Apocalipsis 4:9, 7:11, 11:16-17). Nuestros actos de acción de gracias deben ser ofrecidos a Dios a través del Mesías (Colosenses 3:17, Hebreos 13:15), y en el nombre del Mesías (Efesios 5:20). Debemos darle gracias a Dios en público (Salmo 35:10) y en privado (Daniel 6:10). Debemos darle gracias en todo y por todo siempre (1 Tesalonicenses 5:18, Efesios 1:16, Efesios 5:20, 1 Tesalonicenses 1:2, 2 Corintios 9:11). En Nehemías 12:31 y 12:40, que es bueno dar gracias a Dios tras la finalización de grandes hazañas.

Debemos tambien dar gracias antes de comer (Juan 6:11, Hechos 27:35). Mientras recordamos la bondad y la misericordia de Dios y reflexionamos sobre Su santidad, hemos de dar gracias (Salmo 106:1, Salmo 107:1, Salmo 136:1-3, Salmo 30:4, Salmo 97:12). Hemos de darle gracias a Dios por el regalo del Mesías, por su poder y su reinado (2 Corintios 9:15, Apocalipsis 11:7). Es bueno dar gracias por la liberación de nuestros pecados a través del Mesías (Romanos 7:23-25) y por la victoria sobre la muerte y el sepulcro (1 Corintios 15:57). Podemos darle gracias a Dios por la cercanía de Su presencia en nuestras vidas y por nuestra cita para esta comisión, nuestro turno de servicio (Salmo 75:1, 1 Timoteo 1:12).

Hubieron muchos que caminaron delante de nosotros ejemplificando la acción de gracias en sus vidas: David (1 Crónicas 29:13), Los Levitas (2 Crónicas 5:12-13), Daniel (Daniel 2:23), Jonás (Jonás 2:9), Simeón (Lucas 2:28), Ana (Lucas 2:28), y Pablo (Hechos 28:15).

Y finalmente, es interesante notar que a lo largo de la Torá, El Señor Mismo, ordenó a los Israelitas que la tribu de Judá siempre saliera primero en la batalla. En Hebreo, Judá significa yo agradeceré/alabaré al Señor. Ofrezcamos siempre primero el sacrificio de alabanza mientras luchamos las batallas que están delante de nosotros (Hebreos 13:15). ¡Enviemos a Judá primero!

Salmo 103 nos dá cinco cosas específicas de que estar agradecidos: Dios perdona todos nuestros pecados; Él cura todas nuestras enfermedades; Él redime nuestras vidas de la destrucción; Él nos corona con bondad amorosa y misericordia; y, Él satisface nuestras bocas con cosas buenas para que nuestra juventud se renueve como las águilas. ¡Es en esta juventud que podemos guerrear, y derrotar al enemigo para liberando a los cautivos!

Capítulo Tres

NUESTRO ADVERSARIO

Nuestro entrenamiento en Haganah, nos enseño que recopilar inteligencia precisa de combate sobre el enemigo es crucial. En ese lugar, puede ser algo tan simple como observar un leve cambio facial o contracción muscular indicativo de un ataque inminente. Para ello, nos enseñaron a estar muy atentos y a siempre estar en una mentalidad y método ofensivo.

Los estrategistas militares te diran que aprender los hechos acerca de tu enemigo es un factor crucial para ganar batallas. De hecho, uno de los dichos mas importantes de la guerra es "conoce a tu enemigo", el dicho que más ha menudo es olvidado por creyentes. Es mandatorio para nosotros entender quién es el enemigo, qué hace el enemigo y cómo lo hace. Para el creyente, esta información está localizada en el Manual, la Palabra de Dios. En Ezequiel 28:12-19 vemos una descripción extensiva de nuestro enemigo Lucifer. El era el ángel de la adoración de Dios, quien por sus pecados y su orgullo llegó a un final apropiado cuando fué arrojado del jardín. Su nombre es más comúnmente conocido como Satanás (Ha Satan en Hebreo) que significa adversario. También se le conoce por otros nombres como el diablo (Mateo 4:1), el maligno (Juan 17:15), el tentador (Mateo 4:3), Beelzebú (Mateo 12:24), Belial (2 Corintios 6:15), el príncipe de este mundo (Juan 12:31), el príncipe de la potestad del aire (Efesios 2:2), el dios de este siglo (2 Corintios 4:4), el acusador de los hermanos (Apocalipsis 12:10), el padre de la mentira (Juan 8:44), la serpiente y el dragón (Apocalipsis 20:2), para nombrar algunos. Todos estos nombres revelan algo sobre su carácter. Es en Ezequiel 28:12-19 donde aprendemos de su creación, su pecado, y su caída.

Ezequiel 28:12-19 lee así, "Tú eras el sello de la perfección, lleno de sabiduría, y acabado de hermosura. En Edén, el huerto de Dios estuviste; de toda piedra preciosa era tu vestidura; de cornerina, topacio, jaspe, crisólito, berilo y ónice; de zafiro, carbunclo, esmeralda y oro; los primores de tus tamboriles y flautas estuvieron preparados para tíen el día de tu creación. Tú querido querubín, protector, yo te puse en el Santo Monte de Dios, allí estuviste; en medio de las piedras de fuego te paseabas."

"Perfecto eras en todos tus caminos desde el día que fuiste creado, hasta que se halló en tí maldad. A causa de la multitud de tus contrataciones fuiste lleno de maldad y pecaste; por lo que te eché del Monte de Dios y te arrojé de entre las piedras de fuego, oh querubín protector. Se enalteció tu corazón a causa de tu hermosura, corrompiste tu sabiduría a causa de tu esplendor"

"Yo te arrojaré por tierra; delante de los reyes te pondré para que miren en tí. Con la multitud de tus maldades y con la iniquidad de tus contrataciones profanaste tu santuario; yo pues saqué fuego de en medio de tí, el cual te consumió y te puse en ceniza sobre la tierra a los ojos de todos los que te miran. Todos los que te conocieron de entre los pueblos se maravillarán sobre ti; espanto serás y para siempre dejará de ser"

Este pasaje nos dice que Lucifer caminó en el jardín de Dios y disfrutó de tener acceso a Dios solo para encontrarse por su pecado despojado de toda su gloria y arrojado de la presencia de Dios. Con razón él nos odia y trata de destruirnos. Con razón él trata de separarnos de nuestra fe y descanso en Dios en el crear duda, caos y preocupaciones en nuestra vida. El viejo dicho en el mundo es que a la miseria le encanta la compañia.

A Satanás le encanta hacernos la vida miserable mientras trata de hacer tambalear nuestra fe y descanso en las promesas de Dios. Él ama distorcionar la palabra de Dios como lo hizo con Eva (Génesis 3:1) cuando él le preguntó: "¿Conque Dios ha dicho?" A veces, podemos medir nuestro poder de amenaza a Lucifer por la intensidad de los ataques hacia nosotros. Sin embargo, no es necesario buscar actividad demoníaca detrás de cada arbusto, pero al mismo tiempo, ha que tener en cuenta 1 Pedro 5:8, que dice: "Sed sobrios, y velad; porque vuestro adversario el diablo, como león rugiente, anda alrededor buscando a quien devorar".

Juan 8:44 define a Ha Satan, Satanás, de esta manera: "El ha sido homicida desde el principio, y no ha permanecido en la verdad, porque no hay verdad en él".

Lucifer fué creado con instrumentos de cuerda y panderos dentro de él y el llevaba la adoración en el cielo antes de su caída (Ezequiel 28:13). Antes de su caída, el deseo mas grande de Satanás era el ser rey y ser adorado. Ya que el culto es amor expresado, uno de los mayores deseos de Satanás incluso ahora es robar nuestra adoración. El lo hace creando dudas con el decirnos cosas que son contrarias a la Palabra de Dios. Si dudamos de Dios, entonces tenemos muy pocas razones para adorarlo o alabarlo. Isaías 14:12-17 explica las muchas maneras en las que quería exaltarse a sí mismo por encima de Dios. Incluye una larga lista de sus deseos para la exaltación: "Subiré al cielo..."; "Levantaré mi trono..."; "Y en el monte del testimonio me sentaré..."; "Sobre las alturas de la nubes subiré..."; "Seré semejante al Altísimo".

Mientras él va de atrás para adelante, de día y de noche, acosando a los hermanos (1 Timoteo 4:13, Apocalipsis 12:10), él busca sacarnos de nuestros asientos al atacar nuestros pensamientos con sus mentiras. El contiende por nuestras vidas.

Su plan es atraparnos con engaños y tentaciones. Su intención es robar nuestra herencia desafiando nuestra propia identidad. Esa fué la primera cosa que Satanás hizo cuando tentó a Jesús. El questionó Su identidad al decir, "Si eres hijo de Dios..." (Mateo 4:3). Por eso es de vital importancia que recordemos a Quién pertenecemos... quienes somos en el Mesías, y Quién es nuestro Padre. Si Satanás nos puede hace dudar quién somos en el Mesías, entonces él tiene caminos al resto de nuestro campamento y nuestras posesiones. Cuando él venga con sus mentiras, nosotros debemos recordar el Manual, la Palabra de Dios.

LA PALABRA DE DIOS DICE:

Yo soy hijo de Dios *(Juan 1:12)*	Soy un ministro de la reconciliación para Dios *(2 Corintios 5:17-21)*
Soy amigo del Mesías *(Juan 15:15)*	Soy colaborador de Dios *(1 Corintios 3:9, 2 Corintios 6:1)*
Estoy unido al Señor *(1Corintios 6:17-20)*	Estoy sentado con el Mesías en lugares celestiales *(Efesios 2:6)*
Yo fuí comprado por un precio *((1Corintios 6:20)*	Soy hechura de Dios *(Efesios 2:10)*
Soy un santo (apartado para Dios) *(Efesios 1:1)*	Estoy confiado que la buena obra que Dios ha comenzado en mí serán perfeccionada *(Filipenses 1:6)*
Estoy completo en el Mesías *(Colosenses 2:10)*	He estado justificado *(Romanos 5:1)*
Soy libre de la condenación para siempre *(Romanos 8:1-2)*	He sido adoptado como hijo de Dios *(Efesios 1:5)*
Estoy seguro que todas las cosas obran para bien *(Romanos 8:28)*	Tengo acceso a Dios a través del Espíritu Santo *(Eph. 2:18)*
Soy libre de cualquier cargo en mi contra *(Romanos 8:31-34)*	Yo he sido redimido y perdonado *(Colosenses 1:14)*
Estoy establecido, ungido y sellado por Dios *(2 Corintios 1:21-22)*	Yo he sido elegido y nombrado para dar mucho fruto *(Juan 15:16)*
Estoy escondida con el Mesías en Dios *(Colosenses 3:3)*	Puedo acercarme a Dios con libertad y confianza *(Efesios 3:12)*
Soy ciudadano del cielo. Soy significante *(Filipenses 3:20)*	Todo lo puedo en Cristo que me fortalece *(Filipenses 4:13)*
Soy la sal de la tierra *(Mateo 5:13)*	No puedo ser separado del amor de Dios *(Romanos 8:35-39)*
Soy la rama de la vid verdadera, un canal de su vida *(Juan 15:1-5)*	Yo le pertenezco al Señor- Él es mi Padre
Soy un testigo personal del Mesías *(Hechos 1:8)*	Yo soy el templo de Dios *(1Corintios 3:16)*

Otro de sus objetivos es mantenernos distraídos con las preocupaciones de este mundo para que nosotros no podamos mantenernnos enfocados en lo que hemos sido llamados para hacer. Con frecuencia, él hasta nos mantiene ocupados y enredados en "buenas" obras y actividades, sabiendo que el bien es enemigo de lo mejor. ¡Si tu has hecho un buen trabajo pero no el trabajo correcto, entonces es un trabajo equivocado! La religión es la mejor herramienta de Satanás. Si él puede mantenernos jugando a la iglesia y no saber acerca del Reino y los principios del Reino, entonces el nos margina y nos hace ineficaces en la batalla. Tristemente muchas iglesias Cristianas predican sobre Jesús solamente y no sobre el reino. Puede ser un poco fuerte para muchos escuchar pero Jesús nunca predicó sobre Sí Mismo; Él predicó el evangelio, las buenas nuevas. Mas aún, Él nunca le dijo a Sus seguidores, "prediquen de mí"; Él dijo prediquen el evangelio, las buenas nuevas. ¿Que son las buenas nuevas? ¡Son las buenas nuevas del Reino (Lucas4:43-44, Mateo 4:17,24:14)! Jesús es la puerta (Juan 10:9) a ese Reino. Debemos entender El Nuevo Testamento con una mentalidad Hebraica para comprender la plenitud de lo esta siendo dicho. En un modo de pensar Hebraico, una puerta es una abertura a otra dimensión. Si nosotros solo le decimos a la gente de la Puerta y no de lo que hay detrás de esa Puerta en esa otra dimensión, entonces no le hemos dicho la verdad completa. Tenemos que caminar un estilo de vida de redención con el llevar a cabo los principios del Reino. Él es el camino (Juan 14:6) a Dios y a Su Reino. ¡Las buenas nuevas no son que Jesús te ama, aunque así sea! Jesús nunca predicó del calvario, ¡porque el calvario no era las buenas nuevas!

Sí, que Jesús muriera en el calvario era necesario para "recomprar", para redimir el Reino que Adán perdió en la creación. Incluso, va mas allá. ¡Él pagó el precio y proveyó la redención para nosotros ser ciudadanos en Sú Reino! El único y verdadero evangelio son las buenas nuevas del Reino de Dios.

Es nuestro trabajo predicar este Reino y los principios del Reino para vivir después de la salvación y al hacerlo estamos batallando las mismas fuerzas del mal. Lucas 8:10 nos recuerda que: "A vosotros os es dado conocer los misterios del Reino de Dios". Y, Él Mismo, Yeshua (Jesús) le dijo a sus talmidim (estudiantes sabios, discípulos, en Hebreo) que Él les daría "... las llaves del Reino de los cielos..." (Mateo 16:13-19). Las llaves del Reino de los cielos son las leyes, principios y estatutos de Dios que deben ser unidos por cada ciudadano para que puedan beneficiarse de sus derechos y privilegios como ciudadanos en el Reino. Nosotros "nacemos de nuevo" en el reino de Dios y debemos saber y vivir por las leyes de nuestro reino. Fué en esta misma discusión que Él habló de atar y desatar en la tierra, como sería en el cielo. El Mesías tuvo mucho que decir sobre el reino de Dios y la disposición del reino. Ve Lucas 4:43-44, Mateo 4:17, 24:14, tres de las muchas escrituras que hablan sobre esto. El apóstol Pablo no solamente predicó sobre Jesús, el predicó el Reino (Hechos 28:30-31). En Mateo 25:34, vemos que lo que heredamos es el Reino no Jesús. ¡No por minimizar el trabajo del Mesías, pero debemos saber sobre el Reino, así como del Rey! Tan importante era el Reino que es entendido que ser mensaje central de Jesús (Yeshua en Hebreo) Mismo.

En tiempos de guerra (los obstáculos de la vida diaria), hay muchas otras trampas del enemigo que nos pueden hacer tropezar y sirven para descarriarnos de nuestro camino de amor... la ofensa es probablemente la más grande. La escritura dice que la ofensa invariablemente llegará a nuestro camino en la vida (Lucas 17:1). Cuando esto sucede, debemos mantener nuestras cuentas cortas con Dios, lo que significa perdonar rápidamente para no dar al enemigo un punto de apoyo en nuestras vidas. Muchos de nosotros que hemos sido profundamente heridos en batalla somos incapaces de funcionar apropiadamente en nuestro llamado por las heridas y dolores que las ofensas han causado en nuestras vidas. A menudo, estas heridas han sido infligidas por "fuego amigo", por esos mas cercanos a nosotros.

En Salmos 55:12-14, David lamenta esta misma situación cuando él dice: "pues no es un enemigo quién me reprocha; entonces yo podría soportarlo. Porque no me afrentó un enemigo, Lo cual habría soportado; Ni se alzó contra mí el que me aborrecía, Porque me hubiera ocultado de él; Sino tú, hombre, al parecer íntimo mío, Mi guía, y mi familiar; Que juntos nos comunicábamos dulcemente los secretos, Y andábamos en amistad en la casa de Dios". Algunas veces, mientras mas cercano a nosotros es el individuo mas severa es la ofensa. La verdad es que solo aquellos que tu quieres pueden hacerte daño. Esto es porque, a menudo nosotros nos hemos invertido más y tenemos expectativas mayores de las personas cercanas a nosotros. Por ello, cuando hay una caída de la gracia, ¡la caída es grande! Es importante estar preparados y armados para las ofensas ya que sin duda vienen. La ofensa es una de las más grandes herramientas de Satanás para capturar prisioneros y mantenerlos como rehenes, incluso para toda la vida. Son entonces forzados a hacer la voluntad de Satanás, a menudo sin darse cuenta que están siendo cautivos en su campamento. Esto es debido a que la ofensa aveces es ocultada por el orgullo. Es nuestro orgullo que no nos deja admitir que hemos sido heridos y de darnos cuenta de la verdadera condición de nuestro corazón. El orgullo nos puede causar que tengamos una mentalidad de víctimas con la que justificamos nuestro comportamiento con el pensar; "yo fuí maltratado y juzgado mal; por lo tanto, estoy justificado a mi respuesta a la situación". ¡Dos errores no hacen un acierto!

En 2 Timoteo 2:24-26, el apóstol Pablo instruyó a su joven pupilo de esta manera: "Porque el siervo del Señor no debe ser pendenciero, sino amable para con todos, apto para enseñar, sufrido; que con mansedumbre corrija a los que se oponen, por si quizá Dios les conceda que se arrepientan para conocer la verdad, y escapen del lazo del diablo, en que están cautivos a voluntad de él" Cuando miramos a la vida a través de las heridas del pasado, y los rechazos, puede afectar la manera en que vemos a Dios. Quizas nos diremos a nosotros mismos, quizás Él no me ama; como Él permite que me suceda esto a mí; no puedo confiar en Él y por lo tanto no puedo creer en Él y en Sús promesas.

Terminamos dudando de Su bondad y fidelidad y no podemos depender de la validez de sus promesas en nuestras vidas a causa de las ofensas. En su lugar, es mejor arrepentirse de no perdonar y dejar el resto a Dios porque está escrito que la venganza y la represalia es el negocio del Señor (Romanos 12:19). Perdonar es entregar nuestro resentimiento contra alguien y nuestro derecho a desquitarnos sin importar lo que nos fue hecho. Con la ayuda de Dios, necesitamos liberar nuestras ofensas rápidamente (Colosenses 3:13) para ser un guerrero efectivo.

La historia de la traición del Mesías por Judas ofrece un entendimiento interesante de la naturaleza insidiosa de la ofensa. En Juan 12:3-8, se nos dice que María usó una libra de nardo, un ungüento muy costoso, para ungir los pies del Mesías. Judas Iscariote también estaba presente en ese momento de acuerdo aJuan 12:3 el se opuso a este aparente uso frívolo del aceite y preguntó porqué no se vendió en cambio por trescientos denarios (el salario de un año) y dado a los pobres. Su preocupación no era por los pobres sino obtener el dinero para sí. El se ofendió por la adoración de ella y su acto de rendir culto. Fué ese espíritu de ofensa que lo llevó a la última traición del Mesías. La ofensa es insidiosa y abre la puerta para que el enemigo trabaje en nuestras vidas. Obstaculiza nuestra fe, nuestro culto y nuestra alabanza a nuestro Dios, nuestro Comandante en Jefe. Nos impide entrar en Su reposo. Las ofensas y los problemas probaran nuestra paciencia e interrumpirán nuestro reposo. Solo tenemos que ver la historia de Job para ver un ejemplo extremo de esto.

Y finalmente, hay también esas veces en que debemos recordar nosotros mismos a no tomar ofensa con Dios porque es Él quien crea las circunstancias en nuestras vidas--- todas las circunstancias. La prueba de nuestra lealtad siempre vendrá en el mismo momento en que entendamos esto. A lo largo de esa línea, solo tenemos que mirar al Mesías para saber que Él mismo fué probado en este mismo punto.

El Manual dice en Mateo 4:1: que después de que Él fué sumergido y reconocido como el Hijo Amado de Dios, fué llevado por el Espíritu al desierto para ser tentado por Satanás. Con lo difícil que es reconocer este hecho, a menudo es el Espíritu de Dios quien organizará un ataque.

Fué el Espíritu de Dios quien lo guió a esa experiencia en el desierto. Yo creo que El Padre permitió esto en su vida para demostrarnos como Yeshua (Jesús) usó la Espada del Espíritu para derrotar al enemigo. Nosotros sabemos que todas la escritura es inspirada por Dios y es dada para enseñar, redargüir, corregir y la instrucción en justicia (2 Timoteo 3:16). Con el ejemplo del Mesías, nosotros podemos saber que cuando, sino cuando, Él nos lleve al desierto, ¡Él también nos sacará! Y, hasta nos sostendrá mientras caminamos a través de el. Romanos 8:28 le recuerda a todos los soldados que todas las experiencias del desierto trabajarán para su bien porque son amados y son llamados conforme a Su propósito. Y, recuerda, todo soldado definitivamente caminará por lugares llamados el desierto durante su turno de servicio. Esta experiencia separa a los hombres de los niños, por así decirlo y es aqui en estas experiencias en el desierto donde nosotros o continuamos con nuestro turno de servicio o nos regresamos. Por supuesto, esta es una parte grandísima de la batalla que raramente es discutida con nuevos recrutas, porque inicialmente sería abrumador el tan solo imaginar que tener que soportar tales experiencias. Las experiencias del desierto nunca tienen el propósito de derrotarnos o destruirnos sino para desarrollar nuestro carácter. Por lo tanto, debemos aprender a rendir culto a Dios en estos tiempos difíciles de guerra, para que podaos mantenernos enfocados, ser llenos con Su Espíritu, y evitar ser descarriados por la ofensa.

Es sabio recordar que cada tentación y ofensa llevada a cabo por Satanás es un intento para sacarnos de la fe y de nuestras creencias y del descanso en la Palabra de Dios y Sus promesas para nuestra vida. Cuando tenemos incredulidad, esto satisface a Satanás porque hace ver a Dios como un mentiroso; pero la Escritura nos dice que Dios no miente (Números 23:19). Satanás es el padre de la mentira (Juan 8:44) y el continuamente intenta plantar semillas de dudas y mentiras en nuestras mentes en contra de la palabra de Dios. Su mayor herramienta es el maltrato constante y agotamiento de los soldados de Dios. ¿Crees que eres lo suficientemente fuerte para luchar contra este maltrato constante? Bueno, ¡piensalo de nuevo! Científicos del Instituto de Investigación del Ejército de Los Estados Unidos han encontrado que hasta los soldados élites de combate no son inmunes a los efectos detrimentales del estrés.

En varios ejercicios de entrenamiento donde oficiales élites del ejército fueron expuestos unicamente a niveles moderados de privación del sueño, los estudios mostraron que habían niveles de cortisol elevado, lo cual lleva a cambios de humor, vigor reducido, incremento de fatiga, confusión y depresión.

¡La fatiga de batalla toma a los mejores guerreros! Debemos tener cubiertas las espaldas de nuestros compañeros y cubrirlos cuando estén bajo intenso fuego enemigo. Tenemos que levantarlos sobre nuestros hombros cuando ellos son heridos y muchas veces cargarlos por millas y millas. Incluso, hay veces que tenemos que hacer RCP (Reanimación Cardiopulmonar) de inmediato para salvar su vida. Todo esto puede ser suficiente para abrumar al guerrero mas experimentado. Así que, tenemos que ser vigilantes para reconocer la fatiga de batalla y tratar con ella de inmediato, ya que nos hará ineficaces en el ejército de este hombre.

Si no nos ocupamos de esto, nos convertiremos en soldados amargados que nos consumimos en nuestras propias heridas físicas y psicológicas. Y, debido a estas amargura, heridas y cicatrices de batalla, la amargura contaminaremos a muchos. Lo único que podremos hacer en ese momento es retroceder ante la fealdad de las heridas de otros y reunirnos en las trincheras para hablar de ellas. O peor aún, cuando tenemos un encuentro con un soldado herido de tal manera, quizas hasta abriremos fuego contra ellos como si fuera el enemigo. La guerra puede hacernos hacer cosas locas. Se cauteloso.

Es necesario para nosotros conocer nuestro talón de Aquiles y traerlo a la atención del Comandante en Jefe que nos puede aplicar el bálsamo de Galaad. Si nosotros llegaramos a sostener una seria herida de batalla y las tendremos, tenemos que regresar al campamento y hacer nuestros primeros trabajos de entrenamiento para poner al día nuestras habilidades otra vez. ¡También necesitaremos descansar en el Señor y con frecuentemente estar quietos por largos períodos de tiempo para permitir la curación total y para saber que Él ciertamente es Dios y Él está en control hasta cuando nosotros no lo estamos!

Capítulo Cuatro

ARMADO Y PELIGROSO

Para completar un turno de servicio, un soldado debe tener las armas adecuadas a su disposición y debe estar muy bien entrenado en su ejecución. En Haganah, nosotros fuimos entrenados ofensiva y defensivamente. Entrenamos en movimientos específicos y combativos para el uso en encuentros cercanos con el enemigo y fuimos muy bien entrenados en el uso de cuchillos y armas de fuego. Estas herramientas eran directas y efectivas cuando usadas apropiadamente. En adición, nuestra metamorfosis a operativos incluyó el entrenamiento psicológico y acondicionamiento que fue un mayor componente en el aspecto ofensivo del entrenamiento.

Mucho como un operativo de Haganah nosotros también, debemos tener las armas adecuadas en esta guerra espiritual que está sobre nosotros. Mientras nos involucramos en esta guerra, tenemos que depender en las armas de guerra que nos han sido dadas por nuestro Comandante en Jefe, el Mesías. Pero, a diferencia de las armas humanas que nos pueden fallar, ¡Dios tiene armas que siempre aseguran la victoria! ¡Estamos armados y somos peligrosos!

En Efesios 6:10-17, leemos la armadura defensiva que Dios nos ha dado para llevar. Pero mas mportante aún, en el verso 17, ¡se nos dice de una arma OFENSIVA muy importante! ¡Nuestro Comandante en Jefe nos ha dado solo UNA arma ofensiva y porque es tan poderosa, una es todo lo que necesitamos!

Nuestra única y mas grande arma ofensiva de guerra es la Espada del Espíritu, La Palabra De Dios (Efesios 6:17) y nuestra fe en Sú Palabra. En el lenguaje Griego original, el significado de la palabra espada en este verso es la misma que daga, que es una arma de 6-8 pulgadas de largo que era cargado en el seno del soldado. Es una arma de precisión para ser usada en combate de mano a mano. La daga es como una arma ofensiva, y es para hacer daño físico y mental a otros.

También en el verso 17 entendemos la traducción en el lenguaje original Griego para PALABRA de Dios que es rhema que significa dichos de Dios. La Palabra escrita de Dios es el logos, pero en este verso nos da otra definición para Palabra, rhema... la Palabra Viviente. La biblia es una armería de armas letales celestiales. Es donde están guardadas todas las dagas.

Esencialmente vemos que los dichos del Señor son las dagas que debemos usar para derrotar al enemigo. ¡Jesús (Yeshua en Hebreo) Mismo usó esta arma para derrotar a Satanás! El dijo: "Escrito está..." mientras recitaba la Torá a Satanás, estas palabras son encontradas específicamente en Deuteronomio. Debemos caminar en Su ejemplo en todas las areas para ser un guerrero efectivo. Somos recordados que "... las armas de nuestra milicia no son carnales, sino poderosas en Dios para la destrucción de fortalezas..." (2 Corintios 10:4). Con Su Palabra, es posible lograr nuestra asignación en general así como el turno de servicio personal. Nos dicen en Timoteo 6:12 "...pelea la buena batalla de la fe, echa mano de la vida eterna...". ¡No necesitamos concentrarnos en el pelear los poderes de la obscuridad, sino más bien tenemos que continuar peleando la buena batalla de la FE! Mientras escuchamos la Palabra de Dios, nuestra fe es despertada. Romanos 10:17 dice así, "Así la fe viene del oír y el oír por la Palabra de Dios". En 2 Timoteo 2:15 nos dice; "procura con diligencia presentarte a Dios aprobado, como obrero que no tiene de que avergonzarse, que usa bien la palabra de verdad". Hebreos 4:12 es una gran declaración militar sobre la Palabra de Dios. Y dice: "Porque la palabra de Dios es viva y eficaz, y más cortante que toda espada de dos filos, y penetra hasta partir el alma y el espíritu, las coyunturas y los tuétanos y discierne los pensamientos y las intenciones del corazón". Tenemos que aprender a manejar esta Espada del Espíritu con precisión y esto solo podemos hacerlo escuchando, estudiando, y ejecutando apropiadamente la Palabra de Dios.

Hay otras armas defensivas que se discuten en Efesios 6:10-17 que son para protegernos contra el enemigo. Por la inspiración de Dios, el apóstol Pablo nos recuerda ponernos la armadura COMPLETA, para resistir "las asechanzas del diablo", el maltrato constante. Èl nos dice; que nuestra batalla es contra principados y gobernantes de las tinieblas en esferas altas. Se nos dice que estemos de pie cuando todo nos falla, pero tenemos que Estar en pie "... ceñidos vuestros lomos con la verdad y vestidos con la coraza de justicia". Yo creo que el apóstol Pablo menciona esta muy importante pieza de armadura primero porque se nos es dicho: " guarda tu corazón; con diligencia porque de él mana la vida" (Proverbios 4:23).

Obviamente si somos mortalmente heridos profundamente dentro de nuestros corazones con ofensas y tribulaciones, somos como un blanco fácil para el enemigo y somos vulnerables para el ataque. Después de eso se nos dice que tengamos puestos el evangelio de la paz, el escudo de la fe, y el yelmo de salvación. Debemos tener nuestra armadura puesta siempre y la Palabra de Dios en nuestras bocas continuamente para que no le demos cabida al enemigo. Nosotros tenemos una impresionante armadura de defensa a nuestra disposición, armadura que esencial para nuestra sobrevivencia.

Teniendo toda la armadura nos ayuda y nos proteje, pero tener la mentalidad correcta es mandatorio para llevar a cabo nuestro turno de servicio. En Haganah, fuimos moldeados y preparados psicologicamente para estar en la ofensiva y esa perspectiva ha probado ser el punto de ventaja más válido y eficaz en la batalla. Ese es el punto de ventaja del que debemos pelear continuamente en la batalla espiritual de los tiempos presentes.

Es también importante recordar que Dios nos ha dado, a través de Yeshua (Jesús en Hebreo), autoridad sobre la obra del enemigo (1 Juan 3:8) y porque Él Padre ha puesto todas las cosas bajo los pies del Mesías (Efesios 1:22), mientras permanecemos en Él, el enemigo está bajo nuestros pies también (Lucas 10:19). "En Dios haremos proezas, y Él hollará a nuestros enemigos" (Salmo 60:12, 108:13).

Desde un punto de ventaja de estar sentado con Dios en lugares celestiales a través de Mesías Yeshua (Efesios 2:6), todos estamos bien posicionados para identificar y vencer al enemigo. Salmo 91:14-16, nos dice que Dios nos librará, nos pondrá en alto, nos responderá, estará con nosotros en la angustia, nos librará, nos glorificará y nos saciará con larga vida. Estas son promesas muy poderosas de un Dios poderoso. Es en el manual que se nos recuerda ser sobrios y vigilantes porque, "la noche está avanzada y se acerca el día; desechemos, pues, las obras de las tinieblas, y vistamonos las armas de la luz" (Romanos 13:12).

Para los creyentes, la intercesión es una parte crítica del armamento psicológico necesario para sostenerlos. Es una arma letal trasbastidores, que el enemigo no puede penetrar o desarmar. Sirve para reforsar la postura psicológica del creyente y llevar a cabo la misión secreta dada a estos individuos de Operaciones Especiales que son llamados a esta tarea. Esta misión particular, raramente incita elogios públicos, reconocimiento o premios porque pasa por debajo del radar del enemigo y pasa desapercibido. No hay ninguna trampa, peligro, fascinación u orgullo en la intercesión. Es una operación encubierta que produce resultados a través de los cuales el Comandante es glorificado. Aunque esta operación encubierta esta disponible a todos los reclutas, sólo unos pocos elegidos llevan a cabo esta tarea a tiempo completo.

¡Durante los tiempos de guerra todo soldado necesita un arcón! Un arcón es un lugar donde cubrirse y reorganizarse. La pelea de nuestras batallas diarias, el solo saber que hay un arcón especial en el cual podemos descansar y refugiarnos es reconfortante. Así que, en medio de esta guerra, tenemos que recordar que tenemos a El Elyon (Hebreo para Dios Altísimo) como nuestro Comandante en Jefe, nuestro lugar de descanso. En el salmo 91:1-16, nos dada instrucciones sobre nuestro necesario y muy especial lugar de descanso, nuestro "arcón".

Una mirada a este salmo nos provee verdades anti-terror, anti-asesinato, anti-temor y anti-muerte, con las que necesitaremos armarnos para esta guerra. Es importante que este Salmo sea el grito de guerra en nuestros labios a medida que avanzamos a la batalla y hasta que terminemos nuestro turno de servicio y crucemos a nuestra patria prometida, un lugar no construido por manos de hombre (2 Corintios 5:1).

Los primeros cuatro versos de este Salmo hablan sobre morar en el lugar secreto de este Dios Altísimo (El Elyon en Hebreo). Pero, debemos elegir morar allí para disfrutar de la relación y cubierta íntima con nuestro Comandante en Jefe. Morar en este lugar secreto implica cercanía, confianza y una relación personal y respeto del Señor (Ve Salmo 15:1, 27:4, 37:3). Entonces dice permaneceremos bajo la sombra de El Shaddai, Hebreo para Dios Altísimo. Shaddai principalmente significa pecho (shad es pecho en Hebreo).

Indica que Dios es el todo abundante y todo proveedor de protección. Más adelante el salmista nos dice que Dios tambien es nuestro refugio (Salmo 91:2). Refugio en Hebreo indica un lugar de esperanza y confianza. En el Salmo 91, tenemos una imagen de la seguridad y protección que puede encontrarse mientras moramos en ese lugar secreto con nuestro Dios. Es aquí en nuestro arcón que encontramos nuestro descanso y nuestro consuelo en el fragor de la batalla. Él es nuestra fortaleza y nuestro pronto auxilio siempre presente en tiempo de angustia (Salmo 46:1).

Otra arma segura y potente de la guerra que expulsa al enemigo y nos lleva a la misma presencia de Dios es nuestra adoración. ¡Encontramos que ahí en su presencia hay plenitud de gozo! (Salmo 16:11) El Salmista, David, le dió a Saúl paz y alivio de los espíritus malignos que lo atormentaban con sus melodias de culto a Dios. Satanás odia escuchar nuestro culto y hará lo que sea para traernos distracción y discordia y obstaculizar nuestra adoración. Adoración es nuestra clave para soportar en la guerra. La adoración es una declaración de nuestro compromiso al Comandante en Jefe. Es nuestro amor expresado a nuestro Comandante aún hasta cuando a menudo no entendamos el plan entero de la guerra o nuestro turno de servicio específico. Sus pensamientos y caminos nunca son como nuestros pensamientos y caminos (Isaías55:8-9). Pero, debemos recordar que somos soldados en SU ejército haciendo nuestra pequeña pero significativa parte en el cumplimiento de SU plan final de Tikun Ha Olam... sanando al mundo caminando; en los principios del Reino en esta tierra.

Nuestra adoración es la vía rápida para entrar al mismísimo cuarto del trono de Dios y nos unimos a ejércitos de anfitriones angelicales (Apocalipsis 4:9, Apocalipsis 7:11,11:16-17) mientras adoramos a Dios en la belleza de Su Santidad (Salmo 29:2).

Y finalmente por último, pero ciertamente no el menos importante, es el arma de controlar nuestros pensamientos para no darle cabida al enemigo. Cuando nosotros controlamos nuestros pensamientos, controlamos actitudes y comportamientos subsecuentes; nos conquistamos nosotros mismos mediante la conquista de nuestro esatdo de mente y a Satanás no le es dada ninguna incursión en nuestras vidas.

El cambio tiene que venir de adentro hacia afuera y no al revés. Así que, es necesario lavarnos en la Palabra diariamente para renovar nuestras mentes tanto para empezar como para mantener ese cambio.

Somos llamados a morir diariamente y a crucificar nuestra carne (Romanos 8, Gálatas 5) pero, nosotros sabemos que no esta hablando de una muerte física. Crucificar nuestra carne se trata de cambiar nuestra manera de pensar para que sea adaptarse a la Palabra de Dios. Así que, estar en la carne no es una acción sino una manera de pensar que se opone a la Palabra de Dios. Tu carne es más que una cubierta exterior; es una manera de pensar. En tus pensamientos es donde Satanás deposita sus semillas de destrucción. Por ejemplo, la gente a lo mejor dirán sobre una persona en particular, "esa persona la cogieron en adulterio; realmente estaba en la carne". Pero, la verdad del asunto es que ellos estaban "en la carne" mucho antes de que el acto sucediera. La gente están "en la carne" mucho antes de que cometen adulterio, o codician, o mienten o estan celosos. Esas acciones son productos de pensar con la carne. El pensamiento malo es una semilla que cosecha fracaso. Cuando cambiamos nuestra manera de pensar para alinearlo con lo que dice la Palabra, cambiamos nuestras acciones. En Juan 6:63, leemos que la Palabra de Dios son el Espíritu y que son vida. Se dice que las creencias correctas llevan a una vida correcta. Proverbios 23:7 dice que tal como un hombre piensa en su corazón, así es él. Gálatas 5 nos recuerda que nuestro espíritu y nuestra carne siempre están opuestos el uno al otro, haciendolo a menudo, difícil de hacer lo correcto. En este campo de batalla específico es donde algunas de las más intensas batallas son peleadas.

Vemos la manifestación de esto en nuestras vidas de momento a momento. Por ejemplo, leemos que por sus llagas somos sanados y sin embargo a menudo nos decimos cosas contradictorias como, "nunca me sentiré bien de nuevo". ¿De donde vienen estas palabras de destrucción? Viene de nuestra carne, ¡ahi es de donde!

¡Es esta carne la que debe ser crucificada! Debemos caminar por fe y no por vista porque las circunstancias a menudo crearán MIEDO (F.E.A.R., False Evidence Appearing Real) (Falsa Evidencia Que Parece Real). Debemos tomar control de nuestros pensamientos y constantemente estar buscando y esperarando las emboscadas del enemigo en este campo de batalla en particular. No solo tenemos que mantener nuestra posición pero tenemos que avanzar hacia adelante para retomar (Mateo 11:12) lo que el enemigo ha robado, así como David hizo en Siclag (1 Samuel 30). Mientras avanzamos, ganamos territorio nuevo para el Señor mientras liberamos a los cautivos (Isaias 61:1) y Su voluntad es hecha en la tierra como lo es en el cielo (Mateo 11:12). El Reino de Dios es traído a la tierra.

Capítulo Cinco

LOS BENEFICIOS DEL ENLISTAMIENTO

Cuando te enlistas en cualquier rama del servicio, el contrato que firmas tiene varios beneficios por enlistarce. Así es con nosotros, los que se enlistaron al decir que sí al llamado de Dios. Tenemos una lista de beneficios que estan disponibles para nosotros también. Así como los padres físicos proveen muchosbeneficios, también nuestro Padre Celestial como nuestro Comandante en Jefe provee un número de beneficios espirituales. Como sus soldados, podemos estar en comunión con (1 Juan 1:3), acceso a (vv. 9, 32), guianza por (Salmo 119:2, 2 Timoteo3:17), protección por (Juan 10:29), y una herencia de (Romanos 8:17) el Padre.

En esta guerra, siempre estamos comprometidos en dos frentes, dos teatros de guerra al mismo tiempo. Peleando contra el enemigo, pisamos a las serpientes y liberamos a los cautivos en un frente, mientras que al mismo tiempo libramos la guerra del hombre interior en el otro frente. Ahora bien, la guerra del hombre interior, es la batalla definitiva que nos lleva mas cerca a la realización del mayor beneficio de nuestro enlistamiento. El benefico es nuestro "shalom" que abarca no solamente nuestra paz, pero también nuestra plenitud y nuestra sanidad, nuestra restauración total, y nuestro mismísimo destino diseñado por Dios. ¡Dios es nuestro Jehová Rafa, nuestro Sanador! Él es un Dios de restauración (Deuteronomio 30:3-16, Joel 2:25-26) pero debemos ¡DECLARAR RESTAURACIÓN! (Isaías 4:22). Él nos promete vida en lugar de muerte, y nospromete que Él restaurará los años que las plagas han devorado. Nuestro destino está en sus manos y ningún enemigo en el infierno puede frustar Sus planes siempre y cuando que continuemos diciendole que sí a Él (Job 42:2, Isaías 14:27).

Hay otras numerosas escrituras en nuestro Manual que abordan el beneficio de la sanación y la restauración. Nuestro

Manual, la Biblia, habla no solamente sobre la restauración espiritual y emocional sino también de las cosas pertinentes a nuestras vidas como relaciones, esperanza, salud, fe, finanzas, y nuestro gozo y honor.

En Jeremías 30:17, nos dicen que Dios restaurará nuestra salud y sanará nuestras heridas. Salmo 147:3, nos dice que Él viene a sanar a los quebrantados de corazón. Isaías 61:17 nos recuerda que Él nos dará una porción doble en vez de nuestra vergüenza y que tendremos gozo eterno. Vemos que Dios restauró las fortunas de Job e incluso las duplicó en Job 42:10, y Jeremías 29:10-15 nos dice que Él tiene grandes planes para cada uno de nosotros.

Ambos Isaías 1:18 y 2 Corintios 5:17 nos hablan de nuestra restauración espiritual. En el Salmo 51, encontramos que Dios crea un corazón limpio en nosotros y que Él nos restaura con el gozo de su salvación. Aprendemos sobre el Dios de esperanza en Romanos 15:13 y Zacarías 9:12 hasta nos llama "prisioneros de esperanza" y nos dice "que vamos a ser restaurados doblemente". Jeremías 17:14 y Oseas 6:1 hablan de nuestra sanación. Cuando nosotros seguimos Sus direcciones de ser amables unos con otros, perdonando, misericordiosos, tiernos de corazón y compasivos, se nos asegura que Dios traerá restauración a las relaciones en nuestras vidas (Efesios 4:32, Lucas 6:36, Colosenses 3:12-14, 1Pedro4:8, Proverbios 17:9, Mateo 18:15, Lucas 15). Esto es especialmente así a medida que continuamos caminando el camino de la paz con todos los hombres como se nos dice en Romanos 12:4-18. El enemigo viene a robar y a destruirnos, pero nuestro Comandante en Jefe nos promete que Él derrota al enemigo y que Él nos da vida y vida en abundancia (Juan 10:10). Todo lo que tenemos que hacer es buscar Su Reino primero y todas estas cosas se nos serán añadidas (Mateo 6:33); pero, ¡no hay garantía de que serán añadidas sin una lucha! El enemigo de nuestras almas lucha con nosotros continuamente hasta el día en que crucemos a nuestra Tierra Prometida.

Debido a esto, desafortunadamente, no hay ninguna varita mágica que haga que todos estos beneficios ocurran en nuestras vidas instantáneamente. La profunda intimidad y la realización de estas revelaciones es un proceso que es obrada con tierra y sudor de las trincheras del campo de batalla y la mayoría de las veces, son obradas en las experiencias del desierto.

Si usted está en Su servicio, el Espíritu de Dios organiza estas experiencias en el desierto. Pero, hay que recordar que cuando Dios las ordena, entonces Dios las usará para nuestro bien, (Romanos 8:28) y si Él nos condujo por el desierto, ¡Él nos guiará fuera de él!

Sabemos que los pasos de un hombre justo son dirigidos por el Señor (Salmo 37:23), y que los pasos hablan de la noción del proceso. Cuando una bendición o el desarrollo de nuestro destino es concedido demasiado pronto, a menudo no es una bendición en lo absoluto.

Una mirada a la historia del hijo pródigo (Lucas 15:11-32) nos da un entendimiento en este hecho. En un esfuerzo por eludir el proceso, el hijo pródigo pidió su herencia antes de tiempo y como vemos, antes de que estuviera preparado para el debido a su necedad, desperdició la misma. No estaba preparado para lo que le fue entregado. Resultó ser su ruina. Similarmente, si eludimos el proceso, puede ser nuestra ruina. El proceso a nuestro destino y nuestra bendición es de ser desplegado un paso a la vez en nuestras vidas (Proverbios4:12) y no puede ser acelerado. Nuestros beneficios, bendiciones, y destino ya están allí para nosotros pero tenemos que ser preparados para ellos.

Por lo general estamos donde estamos porque Dios ha ordenado el proceso de esa preparación. Estamos allí por su diseño. Incluso Jesús pasó por el proceso en el sentido humano.

Después de Su inmersión por Juan, Jesús fue llevado por el Espíritu al desierto para ser tentado por el enemigo. Dios orquestó la prueba, lo más probable para nuestro beneficio, porque lo que ocurrió fue la más grande demostración del Comandante en Jefe de cómo derrotar al enemigo con la Palabra. Jeremías 29:4-6 nos dice que Dios permitió el pueblo fuera llevado al cautiverio pero Él los bendijo mientras ellos estaban allí. Una vez más, Él orquestó la prueba. Los hijos de Israel estuvieron en el desierto por 40 años para humillarlos y para probar sus corazones (Deuteronomio 8:2-3) y sus zapatos no se gastaron. ¡Él orquestó la prueba! ¡La agenda de Dios siempre está trabajando! Se nos dice dejemos que la paciencia tenga su obra completa (Santiago 1:4-8) porque las tribulaciones tan a menudo utilizados para desarrollar nuestra paciencia y nuestro carácter en última instancia producen el fruto apacible de justicia (Hebreos 12:11). Es en este proceso que Dios nos perfecciona como soldados élite de combate aptos para Su uso.

Alguna de la formación del carácter que Dios infunde en nosotros a través de las adversidades, pruebas y batallas que atravesamos solamente es entendida en retrospectiva; porque, como todos hemos venido a aprender, Sus caminos y pensamientos están muy por encima de nuestro entendimiento (Isaías 55:8-9).

Todos sabemos lo estresante y hasta doloroso que el campo de entrenamiento y servicio en el campo de batalla puede ser. Y hasta el Manual nos recuerda, "es verdad que ninguna disciplina al presente parece ser causa de gozo, sino de tristeza; pero después da fruto apacible de justicia a los que en ella han sido ejercitados" (Hebreos 12:11).

Ningún soldado escapa este "ejercicio" porque todos hemos sufrido los dolores y molestias del campo de entrenamiento y nuestras experiencias en el desierto. Cuando volvemos a leer la letra pequeña de nuestro contrato de enlistamiento, vemos que dice que la carrera no siempre se le es dada al mas rápido o la batalla al mas fuerte (Eclesiastes 9:11). Todo se trata del proceso y durante nuestro turno de servicio estamos seguros de aprender que el proceso siempre trabaja para nuestro beneficio (Romanos 8:28) no importando cuan doloroso. ¡La victoria le es dada a los que soportan hasta el final! ¡Esto lo vemos en Apocalipsis 15:1-3 donde los vencedores cantan el cántico de Moisés y el cántico del Cordero como su himno de batalla!

¿Pero por qué tenemos que soportar este proceso? ¿Que es de ser ganado en todo? ¿Cómo puedo hacer sentido a todo esto cuando duele tanto? ¿Que es lo que Dios busca en mi vida? ¿Cuál es el propósito? Estas son preguntas relevantes, esperadas, y necesarias que todo soldado reflexiona en los momentos de tranquilidad en su trinchera. Vamos a explorar algunas de las posibles respuestas a estas preguntas porque hay un número de cosas que Dios hace en nosotros y a través de nosotros durante esta batalla.

La agenda final de Dios para nosotros es ante todo nuestra transformación a Su imagen y gloria (2 Corintios 3:18, Efesios1:1-14, Proverbios 4:18). Las batallas son para nuestra santificación y son usadas para transformarnos a la semejanza de Su Hijo en carácter y en espíritu para reflejar la gloria de Dios (2 Corintios3:18). Y, estas batallas continuarán por el resto de nuestro turno de servicio (Filipenses 1:6). A pesar de que a veces sientas que nunca completarás este entrenamiento y que el enemigo te está hiriendo en cada encuentro, tienes que saber que ¡Dios cubre tu espalda! ¡Tu SI prevalecerás! (2 Corintios 3:17)

De hecho, Dios a veces permite estas pruebas sólo para mostrarnos quién Él es y cómo Él nos puede ayudar a través de las batallas.

A menudo Dios usará pruebas y tribulaciones como medidas disciplinarias a causa de nuestros pecados intencionales (Hebreos 12:5-11). Él siempre está en busca de nuestra obediencia ya que es más preciosa para Él que nuestros sacrificios (1 Samuel 15:22). Y al igual que un diamante que es formado bajo gran presión profundamente en la tierra, nosotros también somos moldeados para ser quien Él nos creó a ser, mientras Él aumenta el proceso y el peso de las cargas. El luego mide nuestro crecimiento por nuestra respuesta a las pruebas. En ciertos momentos de gran presión Él está generalmente removiendo nuestra tendencia a ser alguien que no estábamos destinados a ser. Dios sólo puede obtener la gloria cuando todas nuestras nociones preconcebidas y planes están muertos y enterrados. El mayor ejemplo para nosotros de sumisión a esta muerte es vista cuando leemos acerca de nuestro Comandante en Jefe en el huerto de Getsemaní. Él oró a través de su proceso con grandes gotas de sudor y sangre (Lucas 22:44) mientras Él se preparaba para dar el último sacrificio, que libertaría a los cautivos. A veces tenemos que orar a través de nuestras experiencias en el desierto y buscar Su rostro para encontrar al Dios de nuestros lugares mas íntimos, nuestra Getsemaní, porque Dios quiere que nosotros veamos Su poder en nuestras batallas.

La peor batalla en el desierto que perduramos es por lo general el último lugar de la victoria antes de cruzar el Jordán a la tierra prometida de nuestro destino y nuestro propósito. Pero incluso entonces, Dios continuará preparandonos para cosas mayores al igual que lo hizo con Josué y los hijos de Israel en Gilgal (Josué 4:19, 5:12).

Algunos dicen que Gilgal significa círculo de piedras en pie o que el lugar fue llamado collado Aralot que significa cerro de prepucios, pero la narrativa continua a decirnos que el lugar fue nombrado Gilgal en memoria del oprobio de Egipto siendo eliminado por el acto de la circuncisión. Al igual que el círculo de su carne que fue cortada, Dios a menudo corta cosas de nuestras vidas para prepararnos para lo que sigue. Él cortará lo que se interpone entre nosotros y nuestro verdadero destino.

Por lo general cuando Él corta algo de nuestras vidas, es una señal de que lo que Él tiene por delante es más grande que Él que cortó. Cuando hemos estado en el desierto de Gilgal, tenemos que descansar y sanar como ellos lo hicieron porque después de que sanaron ¡probaron el fruto de la tierra prometida! Y, del mismo modo, ¡nosotros también lo haremos!

Otra respuesta a las preguntas sobre el proceso es que Él nos pasará a través de eventos de entrenamiento en el desierto particulares para probar nuestra fe y para hacerla mas fuerte. Tenemos que volver al Manual para entender lo que dice acerca de este aspecto del entrenamiento, porque la mayoría de las experiencias del desierto son destinadas no sólo para transformarnos, pero para enseñarnos a confiar en Él. Vamos a ser capaces de decir como Job: "He aquí aunque Él me matare, en Él esperaré" (Job 13:15). En 1 Pedro 1: 6-7, aprendemos que debemos regocijarnos en esta temporada de prueba porque la prueba de nuestra fe es más preciosa que el oro que perece. También hemos de regocijarnos en estas pruebas porque producen paciencia y desarrollan carácter en nosotros (Santiago 1:2-4). Pablo nos recuerda en 2 Corintios 4: 8-12 que estamos atribulados en todo y que estamos en dificultades, perplejos, perseguidos y derribados pero que ¡No somos abandonados o destruidos! La muerte obra en nosotros para dar vida a los demás.

Y, en última instancia, nuestras aflicciones ligeras, como Pablo los llama, están trabajando en nosotros cada vez mas excelente y eterno peso de gloria (2 Corintios 4: 16-18).

En Juan 15: 1-2, encontramos que Dios a menudo permite la poda en nuestras vidas para maximizar nuestro potencial para el servicio en Su Reino. A menudo somos traídos de rodillas en sumisión mientras Él nos enseña acerca de la dependencia continua en Su gracia y bondad. El apóstol Pablo, después de orar tres veces para tener su " aguijón en la carne removido", y finalmente dice, "Y me ha dicho: Bastaté en Mi gracia; porque Mi poder se perfecciona en la debilidad" (2 Corintios 12:9 -11).

En Hebreos 12:9-11 y Filipenses 3:8-10, se nos dice que participamos en la santidad del Mesías y en sus padecimientos a través de la tribulación y la disciplina y que se nos enseña la perseverancia a medida que desarrollamos carácter (Romanos 5:1 -5).

Tenemos que mantener una sana teología del sufrimiento para poder entender estas cosas desde la perspectiva de Dios porque la mayoría del tiempo cuando estamos en medio del fragor de la batalla, las cosas no tienen mucho sentido para nosotros. Sólo tenemos que mirar a la vida de José para entender situaciones como esta. Él amaba a Dios y él parecía estar haciendo lo "correcto ", y todavía terminó en una cisterna y fue vendido a la esclavitud a manos de sus propios hermanos. Su proceso y prueba fueron bastante largas, así que estoy segura de que hubieron veces que él podría haber estado desalentado y se preguntaba dónde estaba Dios en todas sus tribulaciones; pero, él tenía muchas pruebas que pasar antes de que finalmente entrara en lo que Dios tenía para él.

Muy parecido a las pruebas de José, todas las pruebas a las que nos enfrentamos tienen que ver con la administración. Cada prueba pone en duda cómo vamos a administrar nuestro comportamiento, nuestros recursos, y nuestro cuerpo mientras soportamos el proceso. Eventos en la vida de José sirven para ejemplificar el hecho de que Dios puede traer Su shalom (paz en hebreo, prosperidad, la ausencia de la discordia) de lo que parecía ser poco probable y una situación imposible. En la explicación de José a sus hermanos, encontramos su inspiración, "Vosotros pensasteis mal contra mí, mas Dios lo encaminó a bien, para hacer lo que vemos hoy, para mantener en vida a mucho pueblo" (Génesis 50:20).

Pudo haber tomado años para trabajar los detalles de pasar de la fosa a la prisión y al palacio, pero los acontecimientos de la vida de José fueron sólo parte del proceso para llevarlo a su último propósito y destino. Debemos recordar que la agenda de Dios siempre esta trabajando a través del sufrimiento y ¡al final vamos a salir fortalecidos! Así como José esperó mucho tiempo para ver la plenitud de la mano de Dios, también lo hizo David. Durante un período de 14 años David huyó de Saúl y aprendió a esperar en Dios y Su tiempo!

Los Salmos que Él escribió reflejan sus pensamientos y oraciones de su período de espera. En el Salmo 25:1-3, el oró que no fuera avergonzado mientras él confiaba en Dios durante su tiempo de prueba. Romanos 12:11 también nos dice que mientras esperamos y ponemos nuestra confianza en Dios, no seremos avergonzados. Salmo 27: 11-14 todavía se encuentra a David en medio de sus enemigos y esperando en Dios. Él se alienta e instruye a sí mismo en el Salmo 37:7-9 diciendo: " Guarda silencio ante Jehová, y espera en él. No te alteres con motivo del que prospera en su camino, por el hombre que hace maldades.

Deja la ira, y desecha el enojo; no te excites en manera alguna a hacer lo malo.

Porque los malignos serán destruidos, pero los que esperan a Jehová, ellos heredarán la tierra. " . David nos dice en el Salmo 40:1 que cuando él esperó pacientemente por el Señor, Él inclinó Su oído a él y Él oyó su clamor. Esperar no es una actividad pasiva que hay que soportar. Más bien, ¡es una actividad muy dinámica!

Isaías 40:31 dice: " Pero los que esperan a Jehová tendrán nuevas fuerzas; levantarán alas como las águilas; correrán, y no se cansarán; caminarán, y no fatigarán". Para entender mejor este versículo, es bueno mirar a la palabra original Hebrea que se utiliza para la palabra espera. Es qavah que significa unir una cuerda torciendola. Así que esperar en el Señor,¡ significa ser torcido con Él! ¿Como hacemos eso? ¡Lo hacemos mediante la lectura y la declaración de Su Palabra en nuestras vidas durante nuestras experiencias en el desierto de dolor, confusión y espera! Durante nuestras batallas, tenemos que tener esperanza en Su Palabra como somos instruidos a hacerlo en el Salmo 119:74,81.

Es durante esos tiempos de dolor intenso, confusión, y espera que necesitamos orar como David oró con expectativa cuando él dijo, "hubiera yo desmayado, si no creyese que veré la bondad de Jehová en la tierra de los vivientes" (Salmo 27:13). Tenemos también que recordar que estamos esculpidos en la palma de su mano; Él nunca nos dejará ni nos desamparará (Isaías 49:16, Deuteronomio 31:6); ¡ÉL ES UN DIOS FIEL QUE CUMPLE SUS PROMESAS (Deuteronomio 7:9)!!!

Tu trabajo, si decides aceptarlo, ¡es ser contado entre esta fuerza élite de combate que libera a los cautivos! ¡Que Él adiestre tus manos para la batalla! (Salmo 144 :1)

www.ingramcontent.com/pod-product-compliance
Lightning Source LLC
Chambersburg PA
CBHW032020040426
42448CB00006B/677